KB220631

갈릴리(디베랴) 호수

이 저서는 2012학년도 경성대학교
학술연구비 지원에 의하여 연구된 것입니다.

하느님과 사람은 둘이 아니다

─ 요한복음, 동방인의 눈으로 읽기 ─

김명수 지음

통나무

‖ 목차 ‖

도올 김용옥

자기초월을 위하여 하루하루 끊임없이 매진하는 사람, 저 하늘나라를 이 땅에 끌어내리려고 몸부림치는 사람, 그리고 이 조선땅의 축적된 전승을 저 하늘나라로 끌어올리려고 피땀 흘리는 사람, 바로 그 사람이 김명수이다. 나의 동지이자 동문이며, 문학文學의 길의 반려인 김명수 교수의 『하느님과 사람은 둘이 아니다 — 요한복음, 동방인의 눈으로 읽기』는 그가 오래 천착해온 주제에 관한 그의 담론의 성숙도를 과시하는 작품이다. 성숙한 만큼 포괄적이고 또 이해하기 쉽다. 이해하기 쉽기 때문에 오해의 소지가 없고 또 많은 사람의 관심 속으로 용해될 수가 있다. 동·서의 편견 없는 소통이란 인류의 종교의식의 진화를 의미하는 것이다. 김명수의 시도는 우리시대 진정한 종교혁명의 시발점이다. 젊은 신학도들에게 많이 읽혔으면 하는 간절한 바람이 앞선다.

최근 나는 한국인의 입장에서 요한복음을 해석한 유동식 선생님의 『풍류도와 요한복음』이라는 서물을 의미있게 읽었다. 유 선생님께서 사시는 댁이 나의 거처에서 멀지 않은데, 아직도 정정하신 자태로 유유히 산보하시는 모습을 가끔 뵙곤 한다. 사모님께서 돌아가신 후로는 그 모습이 영 더 쓸쓸하게만 보인다. 변변히 인사도 못 드리는 터, 지나치는 길에 당신의 신학수첩이라면서 그 책을 한 권 건네주신 것이다. 당신께서 "풍류도"라 규정하시는 한국인의 영성의 깊이로부터 요한복음을 포괄적으로 논구하신 것이다.

그러나 김명수 교수의 요한복음 강해는 유동식 선생의 접근과는 그 천착하는 방식이나 시각이 매우 다르다. 김명수는 어디까지나 서구신학의 정통적 논의의 세밀한 의미맥락을 따져서, 그리고 모든 문헌비평의 성과를 동원해가면서, 요한복음이나 요한교회공동체의 예수사건의 해석지평이 동방사상, 특히 노자철학과 동학사상의 인식구조와 융합될 수 있는 접점을 모색하고 있는 것이다.

김명수가 이러한 모색을 시도하고 있는 동안, 나는 나의 모교 한신대 신학대학원에서 "도道와 덕德의 신학 — 노자도덕경 강해"라는 제목의 강의를 설說하고 있었다(2012년 가을학기). 그 실 내용인즉, 『노자도덕경老子道德經』이라는 텍스트를 왕필주王弼注와 함께 꼼꼼히 한줄한줄씩 읽고 주석해나가는 치밀한 한문해석학 강의였다. 나는 나의 삶 한평생을 『노자』와 더불어, 『노자』를 가슴에 품고 살아왔다. 그리고 『노자』라는 텍스트에 관한 한, 이 세상 누구보다도 많은 자료를 섭

렴하고 깊은 통찰을 축적해왔다고 자부하고 있다. 그런데 내 강좌에 등록한 학생이 17명밖에 되질 않았다. 내 평생의 축적된 학문의 결과를 다 퍼주겠다는데 17이라는 숫자는 얼핏 이해가 안되는 숫자였다. 그래서 나는 내 강의를 폐강하겠다고 학교에 신청했다. 그랬더니 강성영 원장님이 하시는 말씀이, 17명이라는 숫자가 결코 적은 숫자가 아니라는 것이었다. 신대원 학생 전체수가 워낙 적은데다가 일반 대학원처럼 한 강좌에 그렇게 사람이 모이는 학사구조가 아니라는 것이다. 예수님의 제자보다도 다섯이나 더 많은데 어찌 그들을 버리시려 하느냐고 나를 오히려 질책하는 것이었다. 일리가 있는 말씀이라고 나는 생각했다. 나는 성실하게 강의에 임했다.

나의 강의는 기도로 시작하고 기도로 끝났다. 17명 중 반장을 정하고, 순번에 따라 기도를 준비케 한 것이다. 사실 나의 강의내용이 워낙 래디칼했기 때문에 곧 목사가 될 신학도들의 신앙심이 흔들릴 것을 염려하기도 한 나의 배려였다. 기도문은 자기 인생의 최고의 명문을 써올 것을 당부했다. 그리고 나는 그 기도문에 대하여 멘트해 주었다. 목사는 기도로써 자신의 영성을 함양해야 하기 때문이다.

나는 첫 강의를 시작하기 전에 항상 이렇게 말한다: "나는 나의 강의 속에서는 신神이다." 수강자는 나의 강의를 듣는 것 이외로는 일체의 행위를 할 수 없다. 자세가 삐뚜러서도 아니 되고, 오줌 누러 나가도 아니 되고, 더구나 커피나 소다를 마셔도 아니 된다. 책상 위에 학업 관련 이외의 잡물이 일체 놓여서는 아니 된다. 학생들은 극도의 집중 속에서 나의 강의에 전념해야 한다. 존다는 것은 있을 수도 없다. 학생들은 매번 들은 나의 강의를 자기 나름대로 기록하여 레포트로 제출해야 한다. 그럼 나는 그 레포트를 읽고 평가하는 글을 첨가하여 반드시 학생 본인에게 돌려주었다. 그리고 학생들은 매번 읽은 한문텍스트를 10번씩 써서 제출해야 한다. 나는 그들의 지적 성장과정을 개별적으로 세밀하게 추적할 수 있었다. 이렇게 한 학기! 과연 어떻게 지나갔을까?

17명, 단 한 명도 한 학기 동안 결석이 없었다. 결석이 없을 뿐 아니라 지각도 없었다. 아침 9시에 내가 수유리 한신동산에 나타나면 그들은 이미 전원 정렬하여 곧바른 자세로 교실에 앉아 있었다. 내가 교실에 들어서면 반장이 "차려! 경례!" 그리고 "안녕하세요"로 시작한다. 그리고 한 학기 동안 전원이 빠짐없이 레포트를 제출하였다. 17명 전원이 최고의 학점을 받았다.

이들은 비록 17명이었지만, 깨인 사람들이었고, 진실로 나의 메시지를 듣고 싶은 갈망 속에 내 강의를 선택한 사람들이었다. 배움을 갈망하는 순결한 영혼이었고, 실존의 결단이 무엇인지를 아는 청춘들이었다. 나는 이 17명과의 해후 속에서 나의 생애의 가장 짙은 강의체험을 하였다. 그들이 내 강의를 듣는 자세는 나의 앞의 모든 진실을 백지와도 같은 깨끗한 마음으로 수용하려는 그런 모습이었다. 도가문헌에서 말하는 "백심白心" "허심虛心"의 모범이었다. 물론 이 17명의 수강자들은 전원 우리나라 기독교를 이끄는 목회자가 될 것이다. 이러한 예수의 사도, 예수보다도 6세기가 앞선 노자의 말씀을 왜곡없이 수용하는 이 예수의 사도들이 한국교계에 퍼진다는 것이야말로 한국기독교혁명의 단초라고 나는 확언한다. 이미 혁명은 시작된 것이다. 나는 이 17명의 사도들이 김명수의 이 책, 『하느님과 사람은 둘이 아니다』를 감동 깊게 읽을 것이라고 확신한다.

타락한 대형교회의 난무, 소위 보수우익정치와 결탁된 모든 가치를 구현하는 탐욕스러운 교권의 발호만이 한국기독교의 실상은 아니다. 억압받는 자, 소외당하는 자, 고독한 자, 심령이 가난한 모든 자들과 함께 살아가며 예수사건을 오늘 우리 삶의 지평 위에서 몸으로 구현하는 많은 진실한 기독교인들이 있다. 이들에게 김명수의 이 한 권의 선물은 성서를 자기 몸에서 울려퍼지는 하느님의 육성으로 해석할 수 있게 만드는 다자인Dasein의 자유를 허락할 것이다. 이것은 유영모, 함석헌, 안병무, 유동식 등 몇몇 이름으로 대변되지만, 기독교 토착화를 갈망하는 수없는 민중의 소리를 대변하는 로고스의 성육신이라 말해야 할 것이다.

2012년 12월 28일 아침
『노자한글역주』를 집필하는 중에

낙송암駱松菴에서

인류에게는 소중한 정신적인 유산이 있다. 그 중의 하나로 고전古典을 들 수 있을 것이다. 시공時空의 제약을 뛰어넘어 많은 사람들에게 사랑을 받으며, 감동을 주고, 삶의 지표指標가 되는 책을 일컬어 고전이라 한다. 동방세계와 서방세계에는 수많은 종류의 고전이 있다.

그 중, 나에게 특별하게 감동을 준 고전古典 셋을 선택하라고 한다면, 단연코 기독교의 『요한복음』, 불교의 『금강경金剛經』 그리고 노자의 『도덕경道德經』을 들 수 있겠다. 금강경과 도덕경은, 이미 학창시절에 피상적으로 몇 차례 읽은 적은 있지만, 그 내용들을 깊이 성찰하지는 못했다. 독일 유학 시절 "역사의 예수Historical Jesus"를 깊이 연구하고 귀국한 후, 나는 그동안 서구신학이 추구해온 역사비평학 Historical Criticism의 연구성과들이 단지 학문을 위한 학문의 세계에 머물러있다는 느낌을 지울 수 없었고, 서방사상西方思想이 아닌 동방 사상東方思想의 지평에서 복음서를 읽는다면, 예수의 생애와 그분의 가르침이 보다 더 잘 보일 것이라는 생각을 갖게 되었다.

그러던 차에, EBS방송에서 도올 김용옥 선생님의 "알기쉬운 동양

고전-노자와 21세기"(도덕경 강좌)가 방영되었다. 전 국민의 관심을 모았던 그의 강좌는 당시 한국사회에서 동방철학東方哲學의 대중화 운동에 불을 지핀 시대사적 의미를 지니고 있었다. 나는 그의 강좌를 빠짐없이 들으면서, 그동안 내가 몸담고 있던 서방신학에서 해결하지 못한 역사의 예수 탐구에 대한 해석의 새로운 실마리를 동방사상의 지평에서 찾을 수 있을 것이라는 확신을 갖게 되었다. 그 후로 중국의 고전들을 비롯한 불교 경전들을 심도 있게 읽기 시작했다. 특히 『도덕경』과 『금강경』을 여러 차례 탐독하면서, 역사적 예수의 삶과 가르침이 뜻하는 바를, 이 책들보다 더 훌륭하게 표현해 내고 있는 기독교 문헌들이 있을까 싶을 정도로 깊은 감명을 받았다. 특히 『도덕경』 제1장과 『금강경』 제5품에 나오는 "여리실견분如理實見分"의 말씀은, 마치 한 밤중에 내리치는 우뢰처럼, 내 신학적 영성을 흔들어 깨웠다.

나는 특별한 경우를 제외하고는 매일 새벽 3시쯤 일어난다. 기상과 동시에 두 시간 정도 요가와 명상으로 나를 일깨우고 몸과 마음의 긴장을 푸는 시간을 갖는다. 1975년 국가보안법과 긴급조치 위반혐의로 10년형을 선고 받고, 1,540일 동안 감옥에 있을 때 생존을 위해서 들인 생활습관인데, 이제는 내 일상적인 삶의 한 부분이 되었다. 몸 수행이 끝나면, 이어서 나는 책상에 앉아 제일 먼저 일기를 쓴다. 일기 머리에 내가 이 세상에서 태어나 오늘까지 살아온 날수를 적는다. 내가 살아온 날수를 기억함으로써 하루생활을 시작한다. 일기장에는 떠오르는 단상斷想을 간단하게 적는다. 그런 다음 성경이나 금강경을 비롯한 관심 있는 경전 한 장을 읽고, 설교를 작성하거나 책을 쓴다.

나는 하루 단위로 산다. 하루를 내 일생一生으로 삼는다. 아침에 눈을 뜰 때마다 다시 태어나는 것이며, 저녁 잠자리에 덮는 이불을 내 수의壽衣로 생각한다. 일일일생一日一生의 삶이다. 다석多夕 유영모와 마찬가지로 내게도 산다는 것은 곧 '날 살이'를 의미한다. 오전 시간은 주로 글쓰기에 집중한다. 오후에는 주로 사람을 만나는 일과 일상적인 업무에 시간을 할애한다. 저녁시간은 산책하거나 음악을 듣는다. 나는 TV는 보지 않는다. TV를 보지 않으니, 자연히 나를 바라보며 나 자신과 대화하는 시간을 많이 갖게 된다.

요한복음, 금강경, 도덕경은 태어난 문화역사적 사정이 각기 다르다. 요한복음이 근동문화권을 배경으로 하고 있다면, 금강경은 인도문화권을 배경으로 하고 있으며, 도덕경은 중국문화권을 배경으로 깔고 있다. 문화적 배경뿐만 아니다. 문학형식이나 내용에 있어서도 이세 권의 책들은 각기 다르다. 허나 이 책들 사이에는 공통점도 있다. 예를 들면 요한복음의 '영적 거듭남' 사상은 비록 형태와 내용면에서는 서로 달리하고 있지만, 금강경의 즉비卽非사상이나 도덕경의 무위자연無爲自然사상과도 서로 통하는 면이 있다. 이 고전들은 인간의 고정관념이나 기성旣成가치관을 깨게 만들어준다. 인간의 사고영역을 넓혀주고, 보다 더 열린 시각에서 사물이나 세계를 바라볼 수 있는 안목眼目을 길러준다.

근동지방의 척박한 사막문명권에서 유대인 예수의 하느님나라 운동이 시작되었고, 인도 갠지스 강 유역의 비옥한 힌두문명의 강줄기에서 석가모니의 '자기 없음無我' 운동이 전개되었다. 중국 춘추전국 시대 황하문명의 물줄기에서 노자의 무위자연無爲自然 운동이 태어 났다. 이러한 사상들은 여러 강줄기에 비추인 밤하늘의 보름달에 비 유될 수 있다. 밤하늘의 달은 하나이지만, 강물에 비친 달은 여럿이 다. 진리도 마찬가지다. 진리는 하나이지만, 그것을 가리키고 있는 손가락은 여럿일 수 있다. 진리를 담고 있는 종교 문화적 그릇은 여 럿일 수 있지만, 모든 종교의 가르침은 하나의 진리에로 수렴된다.

자발성自發性과 자유自由는 온 생명의 특성이다. 온갖 생명은 자기 자신 안에 존재근거를 가진다는 의미에서 자발성을 지닌다. 동시에 타자他者와의 조화로운 관계를 유지하는 가운데서 자유를 갖게 된 다. 지구생명은 어떻게 시작되었는가? 태초에 우주를 떠돌던 얼음조 각들이 지구별에 떨어져 물방울을 형성하고, 그 물방울에서 생명이 태어나지 아니했는가? 최초의 생명체인 단성세포單性細胞가 출현한 이래로 35억 년동안 지구생명은 스스로 자기를 조직화하고 확장을 꾀해 오늘에 이른 것이 아닌가? 인간을 출현시킴으로써 지구생명은 비로소 자기 자신이 어떤 존재인지를 인식할 수 있는 지구정신global spirit으로 태어난 것이 아닌가? 인간의 출현이 지구생명계에게 복이 될지 아니면 화가 될지, 섣불리 판단을 내리기는 아직 이르다. 허나, 성장과 풍요의 덫에 걸려있는 인간세계는 지구생명계의 생존터전을 뒤흔들어 놓고 있는 것이 오늘의 현실이다. 현금現今 지구촌에 불어 닥치고 있는 묵시적 생태재앙은 인간의 탐욕과 무분별한 인간중심 주의에 기인하고 있음을 부정할 사람은 아마도 없을 것이다.

인간이 행복을 얻는 데는 여러 방법이 있을 수 있다. 외부적인 환경을 개선시키고, 소유욕을 충족시키는 것도 그 하나일 것이다. 허나, 어떠한가? 소유의 확대나 소유욕이 채워졌다고 해서, 인간이 과연 전보다 더 행복해졌는가? 단순히 그렇다고 답변할 수만은 없을 것이다. 소유의 많고 적음에 의해서 인간이 행복해진다고 단정 지을 수 없기 때문이다. 이제 '욕망을 덜어냄'으로써 행복을 추구하는 역발상逆發想을 해야 할 것이다. 욕망을 덜어냄으로써, 안으로는 자기 자신과 조화로움을 유지하고, 밖으로는 이웃 및 자연과 조화로움을 유지할 때, 우리는 행복과 자유를 얻게 될 것이다. 이를 위해서는 개인 차원의 자기성찰과 공공公共 차원의 사회적 성찰이 요구된다.

나는 위 책들을 새벽마다 읽고 필사하면서, 그 책들 사이의 유기적有機的 관계에 대해서 오랫동안 생각해 왔다. 이와 연관성 속에서 이 책은 요한복음의 주요 내용을 동방사상의 눈으로 읽은 것이다. 요한복음은 말(로고스)의 중요성을 말한다. 허나 노자는 말(名)을 부정한다. 곧 언어의 길이 끝난(言語道斷) 곳에서, 비로소 도(진리)의 세계가 펼쳐짐을 말한다. 요한복음은 로고스를 존재의 근원으로 삼지만, 노자는 혼돈(카오스)을 존재의 터전으로 삼는다. 요한복음은 로고스, 빛, 생명 등 존재의 밝은 면을 추구한다. 허나 노자는 존재의 어두운 면에 관심한다. 채움이 아니라 비움에서 그리고 봉우리가 아니라 골짜기에서 존재의 근원을 추구한다.

존재는 언제나 양면성兩面性을 지닌다. 어두운 면과 밝은 면이 있고,

가시적可視的인 면과 불가시적不可視的인 면이 있다. 말할 수 있는 면과 말할 수 없는 면이 있고, 긍정적인 면과 부정적인 면이 있다. 지금까지 서방의 그리스도교신학은 존재의 한 면만을 신학의 대상으로 삼아왔다. 선하고, 밝고, 긍정적인 측면이 그것이다. 존재의 또 다른 측면인 불선不善하고, 어둡고, 부정적인 측면은 배제시켜 버렸던 것이다. 존재의 어두운 측면까지를 포용包容하여 신학의 대상으로 삼을 때 그리스도교신학은 존재의 온전한 구원에 대해 말할 수 있지 않을까? 바로 이 점에서 나는 요한복음을 동방사상, 특히 노자의 지평에서 읽어야 할 이유를 발견한다.

　예수의 뒤를 따르는 진리의 도반道伴으로써, 책을 낼 때마다 시간을 할애하여 분에 넘치는 서序를 써 주신 도올 김용옥선생님의 따뜻한 배려에 깊은 존경과 사랑의 마음을 드린다. 우리의 샘(泉)에서 퍼 올린 생수生水로 성서를 새롭게 해석하는 시대적 사명을 다하라는 채찍과 격려로 받아들이고, 자신을 성찰하고 다짐하는 계기로 삼고자 한다. 이 책의 출판을 허락해 주신 남호섭사장님 그리고 책을 예쁘게 꾸며주신 편집부 직원 여러분께도 고마운 마음을 드린다.

2012년 9월
부산 金蓮山 자락 和樂齋에서
日損 김명수

제1부

요한복음서 가이드

1

요한복음은 어떤 책인가

신약성서는 모두 27권의 서로 다른 책들로 짜여있다. 일종의 총서叢書인 셈이다. 신약성서를 기록한 저자는 한 사람이 아니다. 각 책마다 저자가 서로 다르다. 저술 연대도 같지 않다. 첫 작품으로는 바울에 의해 쓰인 데살로니카전서가 있다. 48년경 쓰였다. 마지막 작품으로는 베드로후서가 있다. 150년경 쓰였다. 신약성서를 구성하고 있는 책들은 이와 같이 대략 2세기에 걸쳐 기록되었다.

저술 장소 또한 각기 다르다. 팔레스타인 지역의 초기그리스도교 세계에서 쓰인 책이 있는가 하면, 소아시아 지역의 신앙공동체에 의해서 쓰인 것들도 있다. 유대 문화권에서 쓰인 것들이 있는가 하면, 그레꼬-로만Greco-Roman 문명권에서 쓰인 것들이 있다. 독자들도 각기 다르다. 유대계 그리스도인을 대상으로 쓰인 책이 있는가 하면, 이방계 그리스도인을 대상으로 쓰인 것들도 있다. 기록 목적 또한 동일하지 않다. 선교를 목적으로 쓰인 책이 있는가 하면, 이단異端의 위협으로부터 복음을 변호할 목적으로 쓰인 책들도 있다. 그리스도인의 신앙을 강화

할 목적으로 쓰인 책들이 있는가 하면, 그리스도교를 적대시하는 집단과의 치열한 신학논쟁을 목적으로 쓰인 것들도 있다. 문학 장르 또한 동일하지 않다. 산문이나 시 또는 편지의 형식을 띠고 있는 글들이 있다.

문학 양식으로 분류하면, 신약성서에는 복음서福音書, 역사서歷史書, 서신書信, 묵시서黙示書가 있다. 복음서福音書는 역사적 예수의 공적公的인 삶public life과 그의 가르침을 줄거리로 엮은 일종의 신앙고백서이다. 역사서歷史書는 복음이 어떤 과정을 거쳐 팔레스타인 지역을 넘어 로마제국 전 지역으로 퍼져나갔는가, 그 과정에 대해 서술한다. 사도행전과 같은 역사서에는 복음이 이방세계에 전파되어 가는 과정에서 특히 베드로와 바울의 역할이 두드러지게 묘사되고 있다. 서신은 초기그리스도교 세계의 지역교회들 사이에서 널리 읽혔던 일종의 신앙을 강화하기 위한 회람문헌回覽文獻의 성격을 갖는다. 예를 들면 바울서신들은 지역교회들에서 일어난 크고 작은 문제들에 대한 신앙적이고 신학적인 답변서의 성격을 띠고 있다고 볼 수 있을 것이다.

'제4복음서The Fourth Gospel'로서의 요한복음

신약성서에는 4권의 복음서가 있다. 역사적 예수의 삶과 가르침을 줄거리로 엮은 책들이다. 그 중 마태, 마가, 누가복음서를 공관복음共觀福音Synoptic Gospels이라 부른다. '공관共觀'으로 번역된 '시놉시스

Synopsis'는, 그리스어로 '함께'를 뜻하는 '신*syn*'과 '보다'를 뜻하는 '옵시스*opsis*'가 결합된 복합명사이다. '함께 보다'를 뜻한다. 예수 그리스도의 공적公的 생애나 가르침을 동일한 시각에서 본다는 뜻이다. 공관복음 사이에는 예수의 공적 생애를 서술하는 방식이나 내용에 있어서 많은 유사점들이 발견된다. 공관복음이라는 용어는 1776년부터 그리스바흐Griesbach에 의해서 최초로 학문적인 용어로 쓰이기 시작하였다.

이와 달리 요한복음은 '제4복음서The Fourth Gospel'라 불린다. 역사적 예수에 대한 공생애公生涯를 기술하는 방식이나 그 내용에 있어서 공관복음서와 현저한 차이를 보이고 있기 때문이다.

신약성서에는 요한의 이름으로 쓰인 책이 몇 권인가? 다섯 권이다. 요한복음, 요한일서, 요한이서, 요한삼서, 요한계시록이 그것이다. 이 중에 요한계시록은 문체文體나 묵시 종말적 내용에 있어서 다른 요한문서들과 상당한 차이를 보인다. 전혀 다른 문화권에서 쓰였음을 쉽게 짐작할 수 있다. 요한계시록을 제외한 나머지 책들을 통틀어 요한문서Johannine literature라고 부른다. 그 책들 사이에는 문체, 내용, 신학사상 사이에 서로 유사한 점들이 많이 나타나기 때문이다.

요한문서Johannine literature에는 몇 가지 특징이 있다. 문학형식으로 볼 때 요한문서는 복음서와 서신으로 나눌 수 있다. 요한복음에는 공관복음에 비해 예수의 공생애公生涯가 비교적 평이平易하게 서술되어 있기는 하나, 예수의 강론講論이 다수 기재되어 있다. 그 중에는 마치 불가佛家의 선문답禪問答에서 볼 수 있는 바와 같이, 논리를 초월한 예수말씀도 상당수 발견된다. 이것은 요한복음이 동방문화東方文化의 사상적 영향에서 크게 벗어나 있지 않다는 것을 암시해주고 있다.

요한복음을 읽는데 또 하나 기억해야 할 사항이 있다. 요한복음은, 로마의 제국그리스도교 세계에서 교회의 권위(敎權)를 수립하기 위한 전거典據로서 자주 이용되었다는 점이다. 로마제국 시대의 서방그리스도교 세계에서 형성된 주요 도그마Dogma, 곧 니케아 신조, 칼케톤 신조, 삼위일체三位一體 교리, 예수 신성神性 교리, 양성론兩性論 교리는 주로 요한복음에 의거해 그것들의 신학적 논리를 편다.

2

요한복음의 편집 단계설

요한복음은 한 집필자에 의해서 동시대에 기록된 문서가 아니다. 적어도 여러 명의 집필자에 의해서 여러 세대를 거쳐 작성되었을 것으로 추정된다. 거시적으로 세 단계에 걸쳐 형성과정을 거쳤음을 볼 수 있다. 나는 이것을 초기요한복음 문서, 중기요한복음 문서, 후기요한복음 문서로 부를 것이다.

초기요한복음 문서

초기 요한복음 문서에는 요한교회 공동체의 초창기 신학과 선교의 정황이 반영되고 있음을 볼 수 있다. 요한복음 1장 35절-42절은 초기에 작성된 요한복음 문서가 존재했음을 암시한다. 세례자 요한이 두 제자들과 함께 있다가, 예수께서 지나가는 것을 보고 말한다. **"보라. 하느님의 어린 양이로다."** 요한의 두 제자가 예수를 따라간다. 그들은 예수의 처소에서 하루를 묵는다. 그 중 한 사람은 시몬 베드로의 동생 안드레였다. 그는 집에 돌아와 형 시몬에게 가서 '우리가 메시아를 보았다'고 했다. 그는 형 시몬을 예수에게 데리고 간다. 시몬은 동생에 의해서 예수를 소개받은 것이다. 이튿날 예수는 빌립을 만나 '나를 따르라'고 하며 제자로 삼는다. 그는 안드레와 동향인同鄕人이었다. 빌립이 친구 나다나엘을 찾아가 그가 만난 예수에 대해서 말한다. "모세가 율법책에 기록하였고, 또 예언자들이 기록한 그 분을 우리가 만났네. 그분은 나사렛 출신으로 요셉의 아들이네."(요1:45) 율법서와 예언서에 두루 기록되어 있는 분은 누구를 가리키는가? 물론 이스라엘을 외세의 압제로부터 해방시킬 정치적 메시아이다. 그 메시아를 만났다는 증언이다. 빌립의 말을 듣고 나다나엘이 말한다. '나사렛에서 무슨 선한 것이 나올 수 있겠나?' 반신반의하며 나다나엘은 빌립과 함께 예수가 머물고 계신 곳으로 간다. 예수께서 나다나엘이 오는 것을 보시고, "저 사람이야말로 참 이스라엘 사람이구나. 그 속에 거짓이 없구나." 그러자 나다나엘이 예수께 고백한다. "선생님은 하느님의 아들이요, 이스라엘의 왕이십니다."(요1:49)

본문에서 예수는 어떤 분으로 이해되고 있는가? 모세의 율법서와 예언자들의 예언서에 기록된 분이다. 모세가 그러했듯이, 이스라엘을 외세의 압제에서 해방시킬 정치적 메시아가 다름 아닌 '선한 분'으로 묘사되고 있다. 그런 의미에서 나다나엘은 예수를 하느님의 아들, 이스라엘의 왕이라고 한다. 물론 본문에서 '하느님의 아들'은 예수의 신성神性을 말하고자 하는 개념으로 쓰인 것이 아니다. 인간 예수의 메시아 신분에 대한 신적 권위를 부여하고 있는 개념이다. 고대 동방세계에서는 한 국가의 왕을 천자天子라고 불렀다. 본문에서 하느님의 아들은 천자天子와 같은 의미군意味群에 속한다.

이와 같이 초기요한교회 공동체에서는 이집트의 종살이에서 이스라엘을 해방시킨 민족해방의 영웅인 모세와 예언자 전통의 맥락에서, 예수를 이스라엘 민족의 숙원인 민족해방을 가져다 줄 정치적 해방자political Liberator로 이해하고 있음을 볼 수 있다. 이러한 점들을 고려해 볼 때, 초기요한교회 공동체는 모세종교의 한 형태인 유대 회당종교 공동체 안에 머물러 있었고, 모세전통에서 예수의 메시아성性을 찾았음을 볼 수 있다. 초창기 요한교회 신도들은 모세종교의 신앙적인 울타리 안에서 예수를 메시아로 이해했고, 모세 회당종교도 그들의 예수 메시아 신앙을 일정 정도 용인했던 것으로 보인다. 모세종교의 테두리 안에 머물러 있으면서 나사렛 예수파를 추종했던 이들을 일컬어 '크리스천 유대인Christian Jews'이라 부른다.

중기요한복음 문서

초기요한교회 공동체에서 예수는 비록 모세종교의 지평에서 메시아로 받아들여졌지만, 그를 신으로 떠받들지는 아니했다. 예수는 어디까지나 모세와 같은 인간으로서 하느님에 가까이 서 계신 선한 분으로 받아 들여졌다.

허나 중기요한교회 공동체에 이르러서 이러한 예수를 보는 시각에서 근본적인 차이가 생기기 시작했다. 중기요한교회 공동체에서 예수는 신의 아들을 넘어 아예 신으로 섬기게 되었다. 예수에게서 인간적인 모습은 찾아볼 수 없고, 신적인 모습만이 나타나게 된다. 그들에게는 예수 신성사상神性思想이 신앙생활에서 중심역할을 했던 것으로 보인다. 그들은 예수와 하느님의 관계를 부자지간父子之間의 관계로 이해했다. 예수는 하늘에서 파송된 하느님 아들이었다. "내가 아버지에게서 왔고, 아버지는 나를 보내셨다."(요7:29) "예수와 아버지는 하나다."(요10:30) "예수를 보는 사람은 그를 보내신 아버지를 보는 것이다." (요12:45) 그들은 예수와 하느님 사이의 친밀성親密性을 부각시키기 위해 인간세人間世에서 보편적으로 이해되고 있는 부자유친父子有親의 관계로 설명한다. 예수에게 하느님은 부자유친父子有親의 하느님인 것이다. 이런 방식으로 요한교회 공동체는 예수의 신성神性을 강조하고 있다. 중기요한복음 공동체에서 하느님은 이스라엘 민족신民族神으로서의 자기 정체성을 잃게 되고, 그의 아들 예수의 아버지로서의 정체성을 가지게 되었다.

예수신성神性 사상은 예수의 자기소개 방식에서 뚜렷이 나타난다. 예수는 '에고 에이미ego eimi' 형식을 빌려 자기를 소개한다. 그런데 '에고 에이미ego eimi'는 출애굽기 3장에 나온다. 하느님께서 자기를 계시하는 정형화定型化된 형식이다. 모세가 호렙 산의 불타는 가시덤불에서 하느님의 음성을 듣고, 그로부터 소명召命 받는다.(3:1-15) 하느님께서 모세를 이집트로 보내시면서, 당신의 백성을 그곳에서 인도해내라고 하신다. 조상의 하느님, 곧 아브라함의 하느님, 이삭의 하느님, 야곱의 하느님이 널 보냈다고 그 히브리인들에게 말하고, 강제

노동에 시달리는 그 히브리인들을 이집트에서 이끌어내라고 하신다. 그러나 모세에게는 한 가지 걱정이 생겼다. 자기를 보내시는 그 하느님의 이름이 무엇인지 모르기 때문이다. 그래서 모세는 넌지시 그분께 이름을 여쭙는다. "내가 이스라엘 자손에게 가서 이르기를 너희 조상의 하느님이 나를 너희에게 보내셨다 하면, 그들이 내게 묻기를, 그의 이름이 무엇이냐 하리니, 내가 무엇이라고 그들에게 말해야합니까?"(출3:13)

그런데, 하느님에게 이름이 있었던가? 야곱의 자손이 조상 때부터 섬겨 온 하느님을 이름도 모르고 섬겼다는 말인가? 모세도 모르는 그 하느님의 이름을 이집트에서 노예살이를 하고 있는 야곱의 자손들은 안다는 말인가? 그들도 모르고 있는 이름이라면, 모세는 굳이 알아야 할 이유라도 있는가? 모세가 하느님께 이름을 묻자, 하느님께서는 시원찮게 대답한다. '에흐예 아세르 에흐예*ehye asher ehye*.' 히브리어 '에흐예*ehye*'는 영어 'be' 동사격인 히브리어 '하야*haya*'의 제1인칭 미완료未完了 형태이다. 히브리어에서 미완료형은 아직 완료되지 않은 동작이나 지속되는 상태를 나타낼 때 흔히 쓰인다. '아세르*asher*'는 관계사(that; who)이다. 따라서 '에흐예 아세르 에흐예*ehye asher ehye*'는 직역하면, "나는 내가 되고 싶은 대로 되어갈 그러한 나일 것이다." 정도로 번역될 것이다. 영어로 직역을 하면, "I will be what I will be"이다. 히브리어에서 하느님은 '명사'가 아니고 '동사'로 나타나고 있다. '주어'가 아니고 '서술어'이다. 『공동번역 성서』에서는 이 본문을 "나는 나다I am that I am"로 번역했는데, 이런 해석은 "나는 나이지, 누구이겠느냐?"로, 더 이상 말할 가치가 없다는 의미로 들릴 수 있다. 그런데 출애굽기 3장 15절에서 하느님은 당신의 이름을 밝힌다. "너는 이스라엘 자손에게 이르기를, 나를 너희에게 보내신 이는 너희 조상의 하느님, 곧 아브라함의 하느님, 이삭의 하느님, 야곱의 하느님 *YHWH*라 하라. 이것(*YHWH*)은 나의 영원한 이름이요, 대대로 기억할 내 이름이다." 하느님 이름을 나타내는 네 글자 *YHWH*를 우리는 편의상 '여호와' 또는 '야훼'로 읽고는 있지만, 실상 이 네 글자는 소리 내어 읽을 모음이 없다. 다시 말하면 소리낼 수 없는 자음으로만 구성되어 있다. 따라서 아무도 그 발음을 모른다. *YHWH*는 하느님의 이름을 사람의 입에 담지 말라는 의미를 지닌다. 유대인들은 그 발음을 아예 알려고 하지도 않았다. 이 글자가나오면 유대인들은 '아도나이*adonai*'라고 바꾸어 읽었다. '주님Lord'이라는 뜻이다. 하느님께서는 모세에게, 입으로 소리 내어 '부를 수 있는 이름effable name'을 주신 것이 아니라 소리 내어 '부를 수 없는 이름ineffable name'을 주신 것이다. 곧 이름 없는 이름을 주신 것이다. 인간은 존재하는 것 모두를 이해 가능한 영역으로 끌어들여 자신의사유 속에서 묶어 두려고 한다. 그 대상이 하느님이라도 마찬가지다. 일단 이름 지어진 것은, 이름 지은자의 사유에 예속되거나 종속되게되어 있다. 야훼가 부를 수 없는 이름을 주신 것도 이런 이유에서다.

하느님의 이름은 사람의 입에 담을 수 없는 이름이며, 그 무엇으로도 형용形容할 수 없는 이름, 그 무엇으로도 설명해서는 안 되는이름이다. 하느님을 그 무엇으로 형용한다면, 형용된 하느님은 이미항상 그러한 하느님은 아닐 것이다. 노자의 『도덕경』 제1장 첫머리에는, "도가도비상도道可道非常道, 명가명비상명名可名非常名"이라는 말이 나온다. 진리를 나타내는데 있어서 인간의 언어가 지닌 한계성을 지적하고 있는 말이다. 인간의 언어로 표현된 도, 설명되어진 도(可道)는 '항상 그러한 도'(常道)가 아니라는 것이다. 부를 수 있는 이름(可名)은 항상 그러한 이름(常名)이 아니라는 것이다. 진리의 본 모습을 드러내는데 있어서, 인간의 개념이나 언어가 지니는 한계를 지적하고 있는 말이다.

'에흐예 아세르 에흐예ehye asher ehye'는 '나는 스스로 존재하는 자이다.' 또는 '나는 … 이다.'로도 번역이 가능하다. '스스로 존재하는 자'라는 것은 무엇을 뜻하는가? 모든 원인으로부터 자유로운 '궁극원인prima causa'을 뜻한다. '자존自存하시는 분'은 모든 존재의 원인으로부터 자유로우며, 동시에 모든 존재의 터전이 되시는 분임을 일컫는 말이다. '나는 나다'라는 표현 속에는 존재의 근거가 외부에 있는 것이 아니라, 바로 자기 자신 안에 있음을 말한다. '에흐예 아세르 에흐예ehye asher ehye'가 칠십인역 그리스어 성서(LXX)에서는 '에고 에이미ego eimi'로 번역되어 있다. 중기요한복음 문서에서는 하느님의 자기계시 언어인 '에고 에이미ego eimi'를 빌려 예수께서 자기가 누구인지를 소개하는 방편으로 삼는다.

이와 같이 예수를 하느님과 동등한 신으로 섬기는 중기요한교회 공동체의 신앙행태가 모세종교의 회당공동체 지도자들에 의해 용납될 리 없었을 것이다. 왜 그런가? 예수를 신과 동등한 분으로 섬기는 것은,

유대교의 유일신monotheism 사상에 정면으로 위배되기 때문이다. 그들은 예수를 신과 동급으로 섬기는 요한교회 신도들을 용납할 수 없었고, 급기야는 이단으로 몰아 모세종교로부터 출교黜敎하기로 결의했던 것으로 보인다. **"예수를 그리스도라고 고백하는 사람은 누구든지 회당에서 내쫓기로, 유대사람들이 이미 결의해 놓았기 때문이다."**(요9:22)

중기요한교회 공동체의 신학에서 예수는 하늘에서 내려온 영적 생명이며 구원자이다. 영적 구원자 예수는 이 세상에서 자기에게 속한 양떼들을 모아 그들을 데리고 다시 영적 세계인 하늘의 본향本鄕으로 돌아간다.(요10:27-29; 17:11-13) 예수가 세상에 '내려옴 katabaino — 올라감anabaino'이 곧 구원사건이라는 중기요한교회 공동체의 구원론 뼈대는, 영지주의의 구원론과 큰 틀에서 별반 차이가 없다.(요12:31-32) '나는 누구이며 어디서 와서 어디로 가는가?' 인간은 영적 존재이며 하늘의 영적 세계에서 와서 이 세상에 잠시 머물다가 다시 하늘의 영적 세계로 돌아감을 깨닫고 사는 것이 영지주의자들이 말하는 구원이다. 예수는 자기가 어디서 왔으며 어디로 가는지를 알고 있다.(요8:14) **"나는 아버지에게서 나와서 세상에 왔고 다시 세상을 떠나 아버지에게로 돌아간다."**(요16:28) 요한복음은 믿음을 강조하지만, 동시에 개인의 깨달음 또한 구원을 얻는데 중요한 요인으로 받아들인다. 하느님과 예수 그리스도가 어떤 분인지, 이에 대해 바르게 '영적으로 깨닫는 것'이야말로 구원(영생)을 얻는 기본조건이라는 것이다. **"영생은 곧 한 분이신 참 하느님과 아버지께서 보내신 자, 예수 그리스도를 아는 것입니다."**(요17:3; 참조, 8:32) 하느님을 아는 것이 지혜

(호크마)의 근본이다.(Philo von Alexandria) 중기요한복음서 저자에게는 하느님과 예수 그리스도에 대한 영적(바른) 깨달음이 생명을 준다.

그러나 중기요한교회는 이러한 동일한 결과가 믿음에서도 나온다고 말한다. 요한에게 있어서 영적 지식gnosis과 믿음pistis은 서로 반대되는 것이 아니다. 구원과 생명을 얻는데 있어서 깨달음과 신앙은 상호보완적이며 서로가 서로를 해석한다. 예수의 하느님의 아들 메시아 됨을 거부하는 모세종교 지도자들을 향하여 중기요한교회는 예수의 입을 빌려 심판을 선언한다. **"나는 이 세상을 심판하러 왔다. 못 보는 사람은 보게 하고, 보는 사람은 보지 못하게 하는 것이다."**(요9:39) 예수와 어떤 관계를 맺고 사느냐가 그 사람의 운명을 결정한다는 것이다. 예수를 하느님의 아들 메시아로 고백함으로써, 그리스도인의 정체성을 공개적으로 내세운 중기요한교회 공동체 신도들을 '유대인 크리스천Jewish Christian'이라 부른다. 그들은 예수신성 신앙을 절대화하는 가운데서 크리스천으로써의 정체성正體性을 찾았던 것이다.

모세종교 회당공동체로부터 출교黜敎 당하고 박해 받으면 받을수록 중기요한교회 공동체 신도들은 예수 신성신앙神性信仰에 매달렸다. 곧 그들은 예수를 순수 영적 존재로 보았다. 영적 존재인 예수가 하늘에서 세상으로 내려와서 자기에게 속한 양들을 모아 다시 본향本鄕인 하늘로 올라간 사건을 요한교회는 영지주의 구원자 신화의 형태를 빌려 선포한다. **"내 양은 내 음성을 듣고, 나도 내 양을 안다. 내 양은 나를 따른다. 나는 그들에게 영생을 준다. 그들은 영원히 멸망하지**

않을 것이다. 아무도 그들을 내 손에서 빼앗을 수 없을 것이다. 양들을 내게 주신 나의 아버지는 모든 것보다 더 큰 분이다. 그러므로 아무도 내 아버지 손에서 내 양들을 빼앗을 수 없다. 나와 아버지는 하나다." (요10:27-30)

중기요한교회 공동체는 예수를 하늘의 영적 세계에서 내려온 영적 메시아이며, 세상에 내려와 자기에게 속한 양들을 모두 모아 다시 하늘의 영적 세계로 데려간다는 형식으로 구원을 설명한다. 요한복음 2장부터 20장까지 등장하는 예수 신적 메시아 신앙은 거의 이와 유사한 영지주의의 구원신화의 틀 안에서 전개되고 있음을 볼 수 있다. 영적 존재인 예수가 하늘에서 내려왔다 올라간 사건이 다름 아닌 하느님의 구원사건이라는 것이다. 중기요한교회 공동체의 이와 같은 예수이해를 '하강 - 상승 그리스도론 *katabaino-anabaino Christology*'이라 부른다. 중기요한교회 공동체는 영지주의와 밀접한 연관성 가운데서 예수신성 사상을 극대화시켜 나갔다.

후기요한복음 문서

중기요한교회 공동체는, 모세종교 회당공동체 지도자들의 박해와 출교 그리고 그들과의 대결 가운데서 예수 신성신앙을 극대화시켰음은 이미 위에서 언급한 바 있다. 이와 달리 복음서를 최종 편집한 후기요한교회 공동체는 초기그리스도교 세계 내의 사도정통 교회 공동체들과의 관계 속에서 그들 신앙의 특성을 분명히 밝히고자 했다. "내게는 이 울타리 안에 있지 않은 다른 양들도 있다. 나는 그 양들도 인도해야 한다. 그 양들도 내 음성을 들을 것이다. 그래서 한 목자 아래서 한 무리가 될 것이다."(요10:16) "이 울타리 안에 있지 않은 다른 양"은 누구를 말하고 있는가? 물론 모세종교 회당공동체 구성원은 아니다. 요한공동체 구성원 밖의 사도 정통교회 공동체 구성원을 지목指目하고 있음이 틀림없다. 후기요한교회 공동체는 초기 그리스도교세계에서 예수를 그리스도로 고백하는 다른 그리스도인들과의 연합과 일치 운동ecumenical movement을 선교의 주요 과제로 삼았던 것 같다.

후기요한교회 공동체는 예수 신앙에 있어서 양변兩邊으로 치우치는 것을 경계했다. 초기요한교회는 예수를 모세종교의 지평에서 '예수인성人性 메시아론'을 주창했음을 보았다. 중기요한교회에서는 예수를 영지주의 지평에서 '예수신성神性 메시아론'을 주창했다. 후기요한교회 공동체는 예수를 순수 영적 존재로 떠받드는 중기요한교회 공동체의 예수 신성 신앙이 빠져들 수 있는 위험성에 대해 신학적인 성찰을 시작했던 것 같다. 예수가 육肉sarks으로 온 것을 부정하고, 순수 영적 존재로 신앙한다면, 영지주의자들이 그러했던 것처럼 예수는 마치 하나의 유령처럼, 몸 없는 순수 영적 존재로 남게 될 것이다. 이를 신학적으로 가현론假顯論이라 한다. 영지주의 그리스도교에 따르면, 하느님의 아들인 영spirit 예수는 요한에게 침례를 받을 때 나사렛 청년에게 내려와 잠시 함께 하다가, 그가 십자가에 달려 고통을 당하기 전에 그를 떠나 하늘나라로 올라갔다고 한다. 따라서 십자가에서 고통을 당하고 죽임을 당한 것은 하느님의 아들 예수가 아니라 단지 나사렛 청년일 뿐이라고 한다. 왜 그런가? 하느님의 아들 예수는 순수 영적 존재이기 때문에 고통당할 수 없기 때문이라는 논리이다. 이와 같이 영지주의 그리스도교 공동체는 하느님의 아들이 인간이 되신 것을 부인否認했던 것이다. 초기요한교회 공동체는 예수를 어떤 시각에서 보았는가? 그들은 예수를 모세와 예언자 전통의 맥락에서 이스라엘을 해방시킬 정치적 메시아로 보았다. 초기요한교회가 예수를 이스라엘 민족해방의 지평에서 정치적 메시아로 보았다면, 중기요한교회에서는 예수를 신성을 지닌 순수 영적 존재로 신앙되었다. 요한복음을 최종 편집한 후기요한교회 공동체는, 이 양변兩邊을 떠나 '제3의 길' 곧 중도中道를 택한다. 그것이 다름 아닌 도성육신道成肉身 사상이다. 이를 로고스 그리스도론Logos Christology이라 한다. **"말씀이 육신이 되어 우리 가운데 사셨다.** *ho logos sarks egeneto kai eskenosen en hyemin* **"**(1:14)

종합해보자. (1) 그리스도교 신앙과 신학의 근간이 되고 있는 후기요한교회의 도성육신道成肉身incarnation 사상은 영지주의 가현론假顯論과의 치열한 사상적 대결 가운데서 형성된 것임을 미루어 짐작할 수 있다. 이미 앞서 살펴보았듯이, 유대교 영지주의는 초기그리스도교 세계 내의 이단종파異端宗派 중 하나로서, 예수 그리스도를 순수한 영적실재靈的實在로 파악했다. 영은 영이고 육은 육이지, 영과 육 사이의 상호소통mutual communication은 있을 수 없다는 것이 영지주의자들의 기본 입장이었다.(참조, 요3:6) 이에 대응하여 후기요한교회 공동체는 도성육신道成肉身을 선언했다. 곧 나사렛 예수야말로 로고스, 곧 영적 실재인 하느님 아들의 화신化身임을 선언했던 것이다. 후기요한교회 공동체에서 나사렛 예수는 '인간이 되신 하느님 God became man,' 곧 지상地上에서 걸어 다니는 하느님으로 신앙되었다. 하느님이 인간이 되셨다는 도성육신道成肉身 사상 배후에는, 인간 속에는 신성이 깃들어 있다는 사상을 담고 있기도 하다. 신성神性의 하강下降과 인성人性의 고양高揚이 성육신成肉身 사상에서 하나로 만난다. 인간 속에는 신적神的인 로고스가 깃들어 있기 때문에, 모든 인간은 그 자체로써 고귀하고 존엄한 존재라는 것이다. 도성육신道成肉身 사상의 배경에는 인간이 신성을 지닌 하느님과 같은 존재라는 인간존귀人間尊貴 사상이 깔려 있다. 후기요한교회 공동체는 하느님 아버지와 아들 예수를 불일불이적不一不異的 관계로 선언한다. "아버지와 나는 하나다."(요10:30) 그들은 하늘과 땅, 아버지와 아들, 하느님과 인간 사이의 소통의 자리로써 다름 아닌 예수 그리스도를 신앙했던 것이다.

(2) 도성육신道成肉身 사상에서 놓쳐서는 안 될 또 한 가지 사항이 있다. 당시 로마황제 도미티아누스Domitianus는 로마제국의 황제를 신으로 숭배하는 '황제제의Kaiser Kult'를 법제화했다. 그들은 로마황제를 로고스의 화신化身으로 숭배하게 만들었다. 이를 거부했던 소아시아 지역의 그리스도교회들이 얼마나 혹독한 환란을 겪어야 했는지는 『요한계시록』에 잘 나타나 있다. 요한복음의 도성육신 사상 배후에는 로마황제 제의를 거부하고, 로마황제가 아니라 그들이 믿는 예수만이 참 하느님의 아들 로고스라는 사상이 내재되어 있다.

(3) 후기요한교회 공동체의 로고스 그리스도론Logos Christology 배후에는 신적 지혜사상이 깃들어 있다. 지혜 로고스는 창조의 능력을 지닌 하느님의 말씀으로 나타난다.(창1:3; 시33:6) 지혜문학서에 등장하는 선재先在Pre-existence하는 호크마Hochma 또는 소피아Sophia는 하느님과 함께 세계창조에 참여한다. "야훼께서 모든 것을 창조하시기에 앞서 태초에 나(지혜)를 가지고 계셨다. 영원 전, 맨 처음에 세상이 시작되기 전에 나는 세워졌다. … 그분이 세상의 토대를 세우실 때 나는 그분 곁에서 건축사가 되어 매일 기쁨으로 충만하였고, …"(잠8:22-33) 지혜문헌의 호크마 사상과 마찬가지로 요한복음에서 로고스는 세계의 창조자로 소개된다.(요1:3)

(4) 희랍의 철학자 헤라클리투스Heraclitus(기원전 6세기)는 우주의 원리나 이성을 일컬어 로고스라 했다. 이에 근거하여 유대교 창조사상과 그리스 로고스 사상의 접목을 꾀했던 디아스포라 유대인 알렉산드리아의 필로Philo von Alexandria는 신의 세계와 인간 세계 사이의 소통疏通과 중재자仲裁者로써의 로고스 철학사상을 발전시켰다.

후기요한복음 최종 편집자는 이상에서 언급된 다양한 의미 맥락에서 로고스 그리스도론을 전개하고 있음을 알 수 있다.

3

요한복음 문헌성립 과정의 이해

요한복음의 저자

2세기 말 리용Lyon의 감독 이레니우스Irenaeus는 요한복음이 세베대의 아들 사도 요한에 의해서 기록되었다고 쓰고 있다.(『反異端論』, Ⅲ, 1:1) 그 밖에도 파피아스Papias(Eusebius, 『교회사』, Ⅲ, 39:3-4), 무라토리Muratori 단편(K. Alad, 『4복음서 공관』, P.533 참조)에서도 요한복음이 사도 요한에 의해서 저작되었음을 증언하고 있다. 이러한 주장들은 19세기까지 그리스도교 세계에서 의심할 수 없는 교회 전승으로 내려왔다.

허나, 20세기에 이르러 역사비평학historical Criticism이 성서해석의 중요한 도구로 채용되면서, 요한복음이 사도 요한에 의해 저작되었다는 주장은 설득력을 잃어가게 되었다. 왜 그런가? 마태, 마가, 누가복음에 비해 요한복음은 예수의 신성神性사상이 극도로 발달된 모습으로 나타나고 있기 때문이다. 예수 신성사상은 언제 나타났는가? 2세기 초다. 이것은 예수가 누구냐에 대한 그리스도론 논쟁이 치열하게 일어났던 2세기 초 그리스도교 세계의 신학적 반성反省을 담고 있다. 따라서 12사도 중 하나인 요한을 이 복음서의 저자로 볼 수 없다.

그렇다면 요한복음 내에서는 이 책의 저자에 대해서 어떻게 말하고 있는가? 복음서는 저자의 이름을 명시적으로 밝히지 않는다. 단지 그 내용을 증언하고 기록한 한 제자에 대해서 말한다.(요21:24) 이 인물은 공관복음서에는 등장하지 않고 있다. 그는 요한복음서에만 유일하게 등장하며, 익명으로 '예수와 친밀한 관계를 가졌던 사랑하는 제자,' 곧 애제자愛弟者라고 불린다. 수난의 길에 들어서기 전, 예수께서 12제자들과 함께 최후 만찬Last Supper을 하실 때, 애제자愛弟者는 예수의 품에 기대어 있었던 것으로 전해진다. 이로 미루어 보아 그는 예수와 친밀한 관계에 있었던 것 같다.(요13:13-26) 애제자愛弟者는 산헤드린 대사제와 친분이 있었으며, 예수가 심문받는 장소까지 따라 간다.(요18:15) 그는 예수의 처형 장면을 지켜보기도 한다.(요19:25-27) 막달라 마리아로부터 예수께서 다시 살아났다는 소식을 듣고, 애제자는 베드로보다 먼저 예수의 빈 무덤에 도착한다.(요20:2-10) 부활한 예수가 디베랴 호수에서 고기를 잡고 있는 제자들 앞에 나타났을 때, 애제자愛弟者는 그 분이 예수임을 제일 먼저 알아보고 베드로에게 알린다.(요21:7) 애제자愛弟者는 베드로와 다른 방식으로 죽음을 맞이한다.(요21:20-23)

이러한 점들을 종합적으로 고려할 때, 예수의 사랑을 받던 애제자愛弟者는 과연 누구였는가? 세베대의 아들 요한이었는가? 그러나 대부분의 학자들은 그렇게 볼 수 없다고 생각한다. 왜 그런가? 한갓 갈릴리 어부에 불과한 그가 예루살렘 성전의 우두머리인 대사제大司祭와 친분이 있을 개연성은 그리 높지 않기 때문이다. 내가 보기엔 요한복음은 한 개인에 의해 쓰여진 작품이라고 보기는 힘들다. 공동체의 성장 과정 속에서 여러 단계의 편집 작업을 거치면서 그 책임을 맡았던 요한공동체 내의 크리스천 서기관書記官 그룹이 있었을 것이고, 그들에 의해서 복음서가 쓰였을 것이다. 요한복음의 최종 편집은 100년경으로 보이며, 예수의 애제자를 중심으로 형성된 후기 제자그룹에 의해서 쓰였을 개연성이 높다.

요한복음의 저술 장소

저술 장소에 대해서는 여러 설이 존재한다. 복음서가 영지주의 영향을 받은 문서라는 점을 감안할 때 시리아에서 쓰였다는 가설이 유력하다. 그러나 초기요한교회가 모세종교 회당공동체로부터 분리되어있지 아니했던 상황을 감안할 때 복음서 저작 장소로 팔레스타인의 사마리아에서 쓰였을 개연성도 배제할 수 없다. 요한복음의 가장 오래된 사본Codex 중에 파피루스 사본(P52)이 있다. 이 사본은 이집트의 알렉산드리아에서 발견되었다. 요한복음이 에베소에서 쓰였다는 초기그리스도교 전승도 저작 장소의 하나로 고려될 수 있을 것이다.

이러한 여러 가설들을 종합해 보면, 요한복음은 처음부터 한 장소에서 마지막까지 집필되었다고 보기는 힘들 것 같다. 유대교 회당과 밀접한 관계를 유지했던 것으로 보아 팔레스타인 지역교회에서 초창기 요한복음 문서의 집필이 시작되었을 것이고, 복음서 전체의 내용이 영지주의 성향을 지니고 있는 것으로 보아 영지주의가 성행했던 시리아 지역교회에서 복음서 대부분의 내용과 전체의 구성이 완성되었을 것이다. 요한복음이 바울신학의 영향을 받고 있는 점을 감안하면, 요한복음이 최종적으로 편집된 장소가 소아시아의 에베소의 지역교회였을 개연성도 배제할 수 없다.(Schnackenburg) 이러한 전반적인 편집 과정을 고려할 때, 요한복음의 최종 편집 연대는 아마도 100년 이내일 수는 없을 것이다. 요한복음은 기원후 2세기 초에 소아시아에서 최종 편집된 것으로 보는 것이 적절할 것이다.

바울서신과의 관계

요한복음서 최종 편집 연대를 대략 2세기 초로 잡는다면, 바울서신에 비해 대략 30년에서 50년 뒤에 쓰여졌음을 알 수 있다. 그렇다면 요한복음을 기록한 저자는 바울서신들을 이미 알고 있었는가? 알고 있었다면, 요한복음 저자는 바울서신들을 어느 정도 의존하면서 그의 복음서를 기록하고 있는가?

이러한 물음들에 답하기 위해서는 우선 두 문서들 사이에 어떤 유사성을 지니고 있는가를 먼저 살펴보아야 할 것이다.

(1) 바울과 요한은 코스모스cosmos를 인간의 활동무대라는 개념으로 사용하고 있다. 두 문서에서 코스모스는 우주론적 개념이 아니라, 인간세상人間世上을 뜻한다. 특징적인 것은, 코스모스가 악령에 의해 지배되는 악한 세상의 개념으로 사용되고 있다는 점이다. 두 사도의 문서에서 코스모스는 초자연적인 세력으로 이해되기 보다는, 악령에 의해서 조종당하고 있는 타락한 피조물의 뜻으로 사용되고 있다.

(2) 바울과 요한은 이 세상을 창조하신 조물주 하느님과 이 세상에서 자기를 계시하는 계시자 하느님이 동일한 분임을 말한다. 하느님의 아들인 계시자 예수 그리스도는 선재하는 분이다. 이 세상은 그 분에 의해 창조되었다. 그는 아버지의 사랑 안에서 이 세상으로 파송된 분이며, 죽음을 스스로 받아들임으로써 아버지의 뜻에 복종하신 분이다. 예수는 이 세상에서 하느님의 구원사역을 성공리에 마치신 후 본향本鄕인 하늘의 세계로 돌아가신 분이다.

(3) 모든 인간이 죄의 지배하에 놓여있다고 보는 점에서도 바울과 요한은 신학적 입장을 같이 한다. 죄hamartia는 요한과 바울 문서에서 일반적으로 단수單數로 취급된다. 그것은 개인의 잘못을 지적하기 보다는 인간이 하느님 앞에서 자기주장을 펴는 것을 의미한다. 인간의 자기 의로움, 곧 자기교만이 죄로 이해되고 있음을 볼 수 있다.

그렇다면 바울서신과 요한복음의 차이점은 무엇인가?

(1) 바울이 즐겨 사용하고 있는 인간학적인 용어들 가운데는 상당 수가 그리스 철학사상에서 유래한 것들이다. 곧 양심*syneidesis*, 이성 *nous*, 속사람*eso anthropos*, 물질*physis*, 혼*psyche*, 덕*arete*, 자족*autarche* 등이 여기에 속한다. 그러나 이러한 그리스 철학의 인간학적 용어들 은 그보다 훨씬 후대에 기록된 요한복음서에서는 전혀 생소하거나 아예 등장하지 않는다. 이를 감안하면 요한복음이 그리스 문화와 철 학이 아니라 디아스포라 유대교의 문화적 배경 하에서 쓰인 것으로 추정된다.

(2) 바울문서에서 그리스도인은 이미 영광에 도달한 사람들이 아 니다. 단지 믿음 안에서 목표를 향하여 달려가는 '도상途上의 존재 Auf dem Weg Sein'일 뿐이다. 바울에게서는 그리스도인의 삶에서 현재 와 미래 사이의 긴장이 강조되고 있다. 구원은 언제나 미래의 일이다. 바울은 그리스도인의 '지금'을 묵시적 종말의 때로 이해한다. 묵시적 용어들을 빌려 구름을 타고 공중에 내림하는 메시아를 말한다.(살전 4:13-18) 그는 세상 마지막 날에 있을 심판과 부활에 대해 말한다. 그 러나 요한복음에는 묵시적 용어들이나 그림들이 등장하지 않는다. 요한에게 구원은 현재 일이다. '지금-여기here and now'에서 내가 예수 그리스도와 어떤 관계를 맺고 있느냐에 따라 이미 내 운명이 결정된 다. "내 말을 듣고, 나를 보내신 분을 믿는 사람은 영원한 생명을 얻었고, 심판을 받지 않으며, 이미 죽음에서 생명에로 옮겨졌다."(요5:24) 지금 예수 에 대한 신앙이 나를 영생으로 인도하고, 지금 예수에 대한 불신앙이 나를 심판으로 인도한다.

(3) 요한복음에는 이스라엘 역사와 결부된 하느님의 구원사 Heilsgeschichte가 등장하지 않는다. 시간의 미래적 차원과 아울러 회고적 차원도 없다. 영생은 다만 현재의 일일 뿐이다. 구원 공동체 개념으로 바울에게서 즐겨 쓰이고 있는 에클레시아*ecclesia*도 요한복음에는 등장하지 않는다. 바울에게 있어서 세상과 구별된 존재로써의 즐겨 사용되고 있는 교회공동체 구성원을 일컫는 성도聖徒*hagioi* 개념도 요한복음에는 등장하지 않는다.(고전1:2; 고후1:1; 롬12:13)

　(4) 요한복음에는 바울과 달리, 그리스도인의 자기이해의 표지標識인 '참 이스라엘,' '새 이스라엘,' 하느님의 이스라엘이 등장하지 않는다.(갈6:16) 물론 요한복음에서도 메시아와 구원이 유대인에게서 온다는 사실과 그 분이 곧 예수라는 것을 말한다.(요4:22) 허나, 유대인들은 그 메시아를 받아들이지 않았다는 것이다. 빛보다 어둠을 더 사랑했기 때문이라고 한다.(요1:11)

　(5) 요한복음의 종말적 개념인 평화*eirene*와 기쁨*chara*은 예수의 떠남을 전제한다. 평화공동체를 이루기 위해서는 예수가 제자들 곁을 떠나야 하며, 평화는 구체적인 형제애兄弟愛로 표현된다.(요13:34) 교회공동체는 서로 사랑하는 사람들의 모임이며, 세상의 어둠의 세력으로부터 서로를 지켜줌으로써 평화를 체험하게 된다.

　(6) 사람은 오직 예수그리스도를 믿음으로 의롭게 된다는 바울의 칭의사상稱義思想(롬3:28)을 요한복음에서는 찾아볼 수 없다. 그 대신

요한복음에는 구원의 중심 표지標識로서, 생명zoe과 진리aletheia가 중심적인 역할을 한다.(요14:6)

(7) 바울의 십자가 신학에서는 십자가에 처형된 그 분이 존귀함을 받게 될 분이다. 곧 부활하고 승천할 분으로 묘사된다. 허나, 요한복음에서는 예수의 '십자가 처형Crucifixion' 그 자체가 이미 존귀함을 뜻한다. 곧 요한복음에서 십자가 사건은 부활이나 승천과 별개의 사건이 아니라 연관된 사건으로 간주된다.

이상을 종합하면, 요한복음은 바울서신으로부터 직접적인 영향을 받았다고 보기는 힘들 것 같다. 요한공동체와 바울공동체는 서로 다른 문화권 속에서 선교했음을 알 수 있다. 그럼에도 불구하고, 요한문서와 바울문서 사이에는 상당한 양의 유사한 내용들이 발견되고 있음을 보았다. 역사적 예수의 '원 사건original event'에 소급遡及되는 동일 전승을 서로 공유共有했기 때문일 것이다.

공관복음과의 관계

마가복음이 전하는 예수의 공생애public life 활동은 갈릴리에서 시작되어 예루살렘에서 끝맺는다(from Galilee to Jerusalem). 그는 갈릴리를 주요 무대로 하느님 나라 운동을 펼치다가 예루살렘에 올라가 수난을 겪고 십자가에 처형된다. 요한복음은 거시적巨視的인 관점에서 보면, 마가복음이 전해주는 예수 이야기의 기본 틀을 따르고 있다. 그 점에서 마가복음과 유사하다고 볼 수 있다. 허나, 미시적微視的인 관점에서 보면, 두 복음서 사이에는 예수의 공생애公生涯를 기술하는 내용이나 문체文體에 있어서 상당한 차이를 보인다.

첫째, 예수의 활동연대나 장소를 기술하는데 있어서 양자는 서로 다르게 나타난다. 마가복음에는 이미 언급했듯이, 예수의 활동이 갈릴리 지방에서 시작하여 유대지방을 거쳐 예루살렘에 들어가 끝맺는 것으로 서술되어 있다. 그는 주로 갈릴리를 무대로 하느님 나라 운동을 펼치다가 죽기 직전 제자들과 함께 예루살렘에 올라가, 그곳에서 수난을 당하고 1주일 만에 처형당한다. 마가복음에 따르면, 예수는 유대인의 큰 명절인 유월절(pascha) 축제에 참여하기 위해 예루살렘에 올라갔다가 그곳에서 죽임 당한다. 예수의 공생애公生涯 기간 동안 유월절이 한 번 등장한다. 이에 근거하면, 예수의 공생애公生涯 기간은 1년으로 추정된다. 이와 달리 요한복음에 따르면, 공생애公生涯 기간 중 예수의 활동무대는 갈릴리만이 아니다. 오히려 유대아와 예루살렘이 예수의 주요 활동무대로 설정된다. 예수는 한 차례 예루살렘을 방문한 것이 아니라, 여러 차례 방문한다. 유월절을 맞이하여 예루살렘을 방문한 것만도 세 번이다.(2:13; 6:4; 12:15) 일반적으로 예수의 공생애公生涯 기간을 3년으로 잡는 통설通說은 이와 같은 요한복음의 자료에 근거한 것이다.

둘째, 두 복음서 사이의 문학 구성이나 문체에 있어서도 상당한 차이를 보인다. 문학 구성으로 보면, 마가복음은 예수의 공생애 활동에 대한 다양한 자료들을 단편적으로 수집하여 배열한다. 전반부 갈릴리 선교 부분에서는, 예수가 행한 기적 이야기들을 서술하는데 충실히 하고 있고, 후반부 예루살렘 입성入城 부분에서는 수난 이야기를 서술하는데 집중하고 있다. 허나, 요한복음은 예수가 일으킨 기적 그 자체에 초점을 두지 않는다. 예수가 행한 기적(semeion; 표징) 이야기들을 선별하여 보도하고, 그 뒤에 반드시 긴 담화談話, discourse를 곁들임으로써 그 이야기들이 담고 있는 신앙적인 의미전달을 목적으로 한다. 예수그리스도는 인간이 살아가는데 있어서 기본적으로 갖추어야 할 생명의 빵이며, 인간다운 삶을 추구하기 위한 가치인 길·진리·생명임을 드러내기 위한 방편으로 기적 이야기들이 이용되고 있다.(요14:6)

셋째, 요한복음에서는 마가복음에 비하여 예수의 병 고치는 행적行蹟이 상대적으로 적게 등장한다. 허나, 마가복음에서 찾아볼 수 없는 새로운 기적 이야기 자료들이 요한복음에 전해지고 있다. 가나의 혼인잔치(2:1-11), 니고데모와의 대화(3:1-11), 사마리아인과의 대화(4:5-42), 라자로의 부활(11:1-57), 제자들의 발을 씻어 주심(13:1-19) 그리고 최후만찬 때의 긴 이별의 담화(13:31, 17:26) 등은 공관복음에서 찾아볼 수 없는 요한복음만의 특수 자료에 속한다.

넷째, 예수께서 행한 설교의 주제가, 마가복음에 의거하면 '하느님 나라'이다. 허나, 요한복음에 따르면, '영생永生'이다(요3:16;20:31). 마가복음에서는 예수 공생애의 사회정치적 차원이 부각되고 있다면, 요한복음에서는 종교철학적이고 신앙적인 차원이 부각되고 있다. 설명 방식도 서로 다르다. 마가복음은 주로 예수께서 비유말씀parables을 들어 하느님 나라가 무엇인지를 설명한다. 허나, 요한복음은 주로 강론講論 형식을 빌려 영생永生이나 거듭남의 비의秘義를 가르친다.

다섯째, 마가복음은 비록 예수가 하느님의 아들임을 선포하지만, 끝까지 예수의 인성人性을 포기하지 않는다. 예수의 수난 이야기에서는 하느님이 개입할 여지를 남겨두지 않는다. 예수께서 십자가 위에서 숨을 거두면서 남긴 마지막 유언은 무엇인가? **"내 하느님, 내 하느님, 어찌하여 나를 버리는 것입니까?"**(막15:34) 예수의 최후 장면은 인간적인, 너무나 인간적인 모습이다. 이와 달리 요한복음에서 예수는 태초부터 스스로 그러하게 계신 분이며, 신적神的 로고스의 화신化身이다. 그는 지상地上에 걸어 다니는 도성육신道成肉身의 하느님이다.(요1:1-14) 이미 앞서 살펴보았듯이, 요한복음에서 예수는 하느님의 자기계시 형식을 빌려 자기가 누구인가를 소개한다. 예수의 신적 자기계시는 7차례에 걸쳐 나타나는데, 모두 "나는 …이다"(ego eimi) 형식을 취하고 있다. 예수는, 인간들이 살아가는데 없어서는 안 될 물질적이고 정신적인 가치들, 곧 밥, 물, 빛, 길, 진리를 자기와 일치시킨다. 진리의 구현체具現體로서의 예수는 여기에서 개체성보다는 보편성을 지닌 존재로 표현되고 있음을 보았다.

그러면 두 복음서에 나타나는 이러한 차이를 어떻게 보아야 하는가? 우선 두 복음서가 수집했던 예수 이야기 전승傳承의 출처出處가

달랐을 수 있고, 그들이 수집한 서로 다른 예수 전승 자료들에 의거하여 마가와 요한은 독자적으로 복음서를 기록했을 것이다. 전승 자료상의 차이에서 두 복음서의 차이를 유추해 볼 수 있을 것이다. 허나, 마가복음이 쓰여 진 시기가 70년경이라면, 그보다 30년 뒤에 쓰여 진 요한복음 저자는 마가복음에 대해 이미 많은 것을 알고 있었을 개연성이 높다. 그러나 요한복음 저자는, 예수의 역사적인 활동과 가르침을 충실하게 보도하고 있는 마가복음과 달리, 예수 사건의 '의미'를 밝히는데 주안점을 두었던 것으로 보인다. 곧 마가가 전하는 예수 이야기의 반복을 피하고, 영적 의미의 지평에서 예수 이야기를 새롭게 창조하고자 했을 것이다. 요한은 마가와 달리 예수 가르침의 신앙적이고 영적인 의미를 밝히는데 주력하고 있다.

불트만Rudolf Bultmann은 요한복음 저자가 마가복음 자료를 직접 사용하고 있지 않았다고 생각한다. 그러면 요한은 어떤 자료에 의거하여 그의 복음서를 기술했을까? 불트만은 요한복음서 안에 내재해 있는 3가지 자료설을 제창한다. 표징자료表徵資料, 계시자료啓示資料, 수난자료受難資料가 그것이다. 표징자료는 일종의 기적자료에 속한다. 그러나 표징자료에 등장하는 기적들은 단지 예수가 하느님의 아들이요 신적 존재임이 갖는 의미를 밝히는 방편으로 사용되고 있다. 계시자료啓示資料는 원래 아람어Aramic 시詩의 형태로 전승된 자료인데, 예수는 하늘에서 내려온 계시자로서 신적 존재로 묘사되고 있다. 이 자료를 복음서 저자가 통속적인 그리스어Koine Greeks로 번역하여 예수의 설교에 맞게 수정한 것이다. 요한복음의 수난자료受難資

料는 물론 마가복음에 나오는 예수의 수난전승 자료에서 취한 것으로 불트만은 본다.

그 외의 차이점들을 종합적으로 고찰해 보자. 요한복음 저자는 공관복음의 내용을 알고 있었을 개연성이 높다. 마가복음에서 묘사되고 있는 예수의 공생애公生涯 활동 경로는 갈릴리, 데카폴리스, 두로, 시돈, 예루살렘으로 되어 있다. 예루살렘에서는 단지 1주일 체류한 것으로 묘사된다. 예수의 공생애는 갈릴리에서 예루살렘에로 가는 길 모티브(from Galilee to Jerusalem)가 분명하게 드러난다. 허나 요한복음에 따르면 예수는 공적公的생활의 초기(2:13), 중기(5:1ff), 말기(7:10)에 3차례 예루살렘을 방문한 것으로 나온다. 유대와 예루살렘 체류기간도 마가복음과 달리 6개월 이상이다. 예수의 공생애公生涯 기간도 마가에 따르면 1년이지만,(막14:1ff) 요한에 따르면 3년이다.(요2:13; 6:4; 12:5) 마가복음에서 요한 세례자는 예수와 마찬가지로 회개의 선포자로 등장한다. 요한 세례자가 체포된 다음 비로소 예수는 그의 공생애公生涯 활동을 개시한다. 허나, 요한복음에서 그는 단지 예수의 증언자證言者로 나올 뿐이다. 요한 세례자와 예수는 같은 시간대에 선교활동을 한다.

예수의 죽은 날짜도 두 복음서 사이에 차이가 난다. 마가에 따르면 유월절(Nisan 15)이다.(막14:12ff) 허나, 요한복음에 따르면 그 날짜는 유월절 하루 전날(Nisan 14)이다.(요19:30f.) 마가복음에서 주로 등장하는 예수에 대한 칭호稱號로는 랍비, 사람의 아들, 예언자를 들

수 있다. 허나, 요한복음에 등장하는 예수에 대한 칭호로는 하늘에서 파송된 계시자啓示者를 들 수 있다.

요한복음에 첨가된 21장

요한복음 저자는 예수의 말씀과 행적을 복음서 전반부(1-12장)에 배열하고, 예수의 수난과 부활을 후반부(13-21장)에 배열하고 있다. 그리하여 독자들로 하여금 예수에 대한 믿음을 강화시키고 구원으로 인도하기 위해 기록되었음을 밝히고 있다. "예수께서는 제자들 앞에서 이 책에 기록되지 아니한 다른 기적들도 수 없이 행했다. 이 책을 쓴 목적은 다만 사람들이 예수는 그리스도이며 하느님의 아들임을 믿고, 또 그렇게 믿어 주의 이름으로 영생을 얻게 하려는 것이다."(20:30-31)

이 본문은 요한복음 전체의 결어結語임이 분명하다. 이 책을 기록한 목적을 분명하게 밝히고 있기 때문이다. 사람들로 하여금 예수가 하느님의 아들임을 믿어 영생을 얻게 하기 위해서라는 것이다. 이로 미루어 볼 때 요한복음 21장은 후대 첨가된 부분일 개연성이 높다. 그러면 누구에 의해서 어떤 동기로 첨가되었는가? 우선 문체나 내용에 있어서 21장은 1-20장과 차이를 드러낸다. 요한교회의 전통을 계승한 후대 교회가 선교목적으로 21장을 첨가하게 되었을 것이다.

21장에서는 부활한 예수가 제자들을 만나는 장면이 나온다. 여기에서 베드로와 애제자愛弟子의 관계가 대조적으로 나타난다. 요한복음이 기록될 100년경에는 이미 두 제자가 살아있지 아니했다. 21장의 내용에 비추어 보면, 애제자愛弟子가 64년경 죽은 베드로보다 조금 먼저 죽은 것이 분명한 것 같다. 베드로가 교회에서 예수 생전의 복음을 전파하는데 우두머리 역할을 했다면, 애제자愛弟子는 예수의 부활사건을 증언하는 데 있어서 베드로보다 우위에 선다. 부활의 예수를 만난 이후 21장에 따르면 베드로의 제안으로 디두모 도마, 나다나엘, 세베대의 아들들, 다른 제자 둘이 디베랴 호수에 가서 고기잡이 생업을 계속하기로 한다. 그들은 밤새 그물을 던졌지만 소득이 없었다. 새벽녘에 낯선 이가 나타나 그물을 오른쪽에 던지라고 한다. 애제자愛弟子는 예수임을 알아보았고, 베드로는 헤엄쳐 갔으며, 제자들은 가득찬 그물을 끌고 갔다. 이미 예수는 호숫가에서 아침식사를 준비해놓고 기다리고 있었다. 예수의 명령에 따라 베드로는 153마리가 들어있는 그물을 끌어 올렸다. 부활의 예수는 제자들에게 와서 빵과 생선을 나누어 주었다.

21장에서는 본래 서로 다른 두 개의 전승이 결합되어 있음을 볼 수 있다. 기적으로 고기 잡는 이야기(1-8절)와 성만찬 이야기(9-13절)가 그것이다. 기적은 제자들이 고기를 잡지 못했기 때문에 행해진 것이다. 이 이야기는 누가복음 5장 1-11절과 24장 13-33절을 연상시킨다. 15-25절에서는 베드로와 애제자만 남는다. 세 번 질문을 받은 베드로는 그리스도의 양떼를 돌보라는 세 번에 걸친 위탁을 받는다. "요한의 아들 시몬아. 네가 나를 사랑하느냐*agapas*? … 제가 주님을 사랑하는 줄*phileo* 당신께서 아십니다. 내 어린양을 먹이라."(15절) 아가파오

*agapao*와 필레오*phileo*는 본문에서 동의어同義語로 사용되고 있다. 흔히 생각하듯이, 필레오가 아가파오에 비해서 저급한 사랑을 뜻하지 않는다. 세 번의 물음과 응답은 닭 울기 전 베드로가 예수를 모른다고 세 번 부인한 것과 대조를 이룬다. 예수에 대한 베드로의 사랑을 확증한다.

4

요한복음의 사상적 배경

요한복음의 신학사상은 단일하지 않다. 복음서의 배경을 이루고 있는 신학사상은 이미 복음서의 성장 단계가 보여주듯이, 복잡성 complexity을 띠고 있다.

히브리성서와 후기유대교의 영향

이미 앞서 살펴본 바와 같이, 초기요한공동체는 모세종교 회당공동체의 신앙 지평에서 자기를 이해했다. 그들은 이집트에서 노예생활을 하고 있던 이스라엘을 이집트 제국의 사슬에서 이끌어낸 모세, 그리고 예언자들이 예언했던 이스라엘 민족의 해방을 가져다 줄 정치적 메시아political Messiah로서 예수를 이해했던 것이다.(요1:45)

요한복음이 히브리 성서를 문자적으로 인용하는 경우는 드물다. 허나, 19곳에서 히브리성서가 인용되고 있다. 히브리성서의 지혜문학은 바빌론 포로(Exile) 후기에 발전했다. 여기에서는 하느님의 초월이 강조되고, 창조의 중재자로써 인격을 지닌 소피아가 등장한다. 소피아는 선재자先在者이며 하느님과 함께 있는 분이고, 하느님의 창조사역에 동참한다.(잠3:19) 요한복음은 여성명사인 소피아 대신, 남성명사 로고스를 사용한다.(요1장) 양자兩者 사이에 내용상의 차이는 없다. 하느님의 소피아가 예수 안에서 인간의 형태로 나타나며, 그 소피아는 예수의 삶 속에서 구현된다. 특히 지혜서智慧書 계통의 문헌에서 자주 등장하는 주제들, 곧 물, 하늘의 양식, 목자, 포도, 성전이 요한복음에는 자주 나온다.

영지주의의 영향

영지주의의 근본 주제는 무엇인가? 인간은 무엇이며 어디에서 와서 어디로 가는가? 이 물음에 대한 영적 깨달음을 추구하는 것이 주요 과제이다. 영지주의는 이 세계를 이원론Dualism의 시각에서 영과 육, 빛과 어둠, 선과 악의 대결장소로 이해한다. 인간이 몸담고 있는 이 세계(코스모스)는 악의 세력에 의해서 지배당하는 번뇌의 장소이기 때문에 극복되어야 할 장소로 이해된다. 인간은 본래 영적인 존재이다. 허나, 코스모스cosmos라는 육肉의 감옥에 갇혀 살아가고 있는 것이 인간의 실존모습이다. 따라서 인간의 실존은 본래성Eigentlichkeit을 상실한 실존이며, 본래성으로부터 소외된 실존이다. 그런 면에서 모든 인간은 자유와 해방을 필요로 하며 본래성本來性에로의 회귀回歸를 지향한다.

영지주의 인간관: 고대세계에서 인간은 어디까지나 하이데거가 말했듯이 '세계 내의 존재In der Welt Sein'로 자신을 파악했다. 허나, 영지주의는 인간의 본질을 '세계 밖의 존재Ausser der Welt Sein'에서 찾았다. 인간은 본래 영적 존재이며 하늘에 기반을 두고 있다. 인간의 본래적 자아인 영spirit은 세계cosmos에서 낯선 존재이다. 허나, 인간의 현재 상태는 어떠한가? 세계에 갇혀있다. 영지주의에서는 인간을 본래성을 상실하고 갇힌 실존, 또는 소외된 실존으로 이해한다.

영지주의 세계관: 영의 세계 또는 본질의 세계를 관장하는 최고의 신神은 영적 존재이며, 그분은 곧 신약성서에서 볼 수 있는 사랑과 자비의 하느님이다. 플라톤은 『티마이오스』에서 이 세계를 창조한 거인에게 데미우르고스Demiurgos라는 이름을 붙였다. 그리스어로 제작자製作者라는 뜻이다. 영지주의는 히브리성서의 창세기에 등장하는 창조주요 제작자 하느님을 데미우르고스와 동일시했다. 그들은 히브리성서의 데미우르고스를 신약성서에 등장하는 구원과 자비의 하느님과 구별했다. 영지주의는 야훼를 데미우르고스의 화신incarnation으로 이해했고, 바로 '제2의 신' 데미우르고스에 의해서 이 세계가 창조되었다고 생각했다.

영지주의 구원관: 인간의 본래적 자아인 영이 육이라는 감옥을 벗어나 본래의 고향에로 회귀하는 것이 영지주의가 말하는 구원이다. 육의 감옥으로부터 해탈이 어떻게 가능한가? 영적 지식gnosis을 얻음으로써 가능하게 된다. 어떤 종류의 영적 지식gnosis을 말하는가? 자기

존재의 과거, 현재, 미래에 대한 영적 지식gnosis이다. 나는 본래 하늘의 시민권을 가지고 태어났는데, 이 세상에서 나그네로서 살아가고 있다는 것, 그리고 다시 하늘 본향에로 회귀한다는 지식이 그것이다. 이를 먼저 깨친 영적선각자靈的先覺者인 그노스티커Gnostiker의 도움으로 우리는 구원에 이르는 영적 지식gnosis을 얻게 된다. 영지주의에서 그노스티커Gnostiker는 우리를 영적 깨달음의 세계에로 인도하는 안내자guide의 역할을 한다. 영지주의에서 그노스티커는 '선포자Verkuendiger'일 뿐, '선포의 대상Verkuendigte'은 아니다. 영적 선각자의 인도를 받아 인간은 스스로 깨달음의 세계에 이르는 것이다. 영지주의에서 영적 각자Gnostiker는 구원 자체가 아니라, 단지 구원에로 길을 안내하는 메신저messenger 기능을 할 뿐이다. 구원은 각자 스스로 깨달음의 몫일 뿐, 영지주의에 따르면 믿음과는 관계가 없다. 영지주의 교회와 사도정통교회의 근본적인 차이점이 구원관에서 나타난다. 사도정통교회 전통에서 예수는 진리와 생명 자체이다. 그를 믿음으로써 영생을 얻고 구원에 이르게 된다. 허나, 영지주의 기독교에서 예수는 진리 자체가 아니라, 진리를 가리키는 손가락일 뿐이다.

영지주의의 세속화: 영지주의는 인간 본래성의 자리로써 '세계외점世界外點; ausserhalbes Punkt der Welt'을 설정한다. 에른스트 블로흐E.B.Bloch는 그의 책 『희망의 원리*Die Prinzip dev Hoffnung*』에서 근본적인 역사 변혁의 지렛대는 세계 내에서가 아니라 세계 바깥 지점에서 찾아야 한다고 말했다. 이러한 블로흐의 사상에 의거하여, 몰트만은 그의 『희망의 신학』에서 세계 변혁의 희망을 묵시적인 세계외점世界外點에서

찾았다. 인간의 실존을 본래성으로부터의 소외로 파악하는 실존주의 철학이나 노동자의 실존을 노동으로부터의 소외로 파악한 마르크스주의 소외이론, 그리고 민중의 소외된 현실 인식과 해방을 주요 이슈로 삼고 있는 해방신학 계열의 진보적인 신학사상들은, 본질적 자아로부터의 소외疏外와 자아에로의 회귀回歸라는 측면에서 볼 때, 영지주의 구원신화의 세속화된 형태의 하나로 보아도 무방할 것이다.

영지주의 그리스도교

요한복음은 이 세계(코스모스)를 어떻게 이해하는가? 태초부터 하느님과 함께 계신 로고스로부터 창조된 하느님의 피조물로 이해한다. 따라서 이 세계는 원래 선하고 빛이 지배하고 있었다. 허나, 현재 모습은 어떤가? 악과 어둠의 세력에 의해 지배당하고 있다. 어떠한 과정을 통해서 어둠의 세력에 지배당하게 되었는지 그 과정에 대해 요한복음은 침묵한다. 하여튼 현재 세계는 어둠, 죄, 죽음, 거짓의 세력 하에 놓이게 되었다. 이것이 세계의 실상이다. 요한복음에는 공관복음에서 찾아볼 수 없는 개념들이 나타난다. 빛과 어둠, 위와 아래, 진리와 거짓, 선과 악, 자유와 속박, 생명과 죽음이 그것이다. 빛, 진리, 생명, 자유는 서로가 서로를 해석하는 개념들이다. 어둠, 거짓, 악, 속박, 죽음도 마찬가지다. 서로가 서로를 해석한다. 이러한 이원론적二元論的 개념들은 요한복음의 성격을 규정짓는 요소들이다. 인간실존의 이중 가능성을 표시하고 있는 이와 같은 이원론적 개념들은 페르시아의 조로아스터교의 교리에 기원을 둔 초기 영지주의

Gnosticism에서 유래했거나 아니면 영향을 받았을 개연성이 높다.

그노시스파Gnosticism는 언제 등장했는가? 알렉산더 1세의 동방원정 이래, 동방문화와 서방문화가 하나로 융합되어 형성된 혼합문화를 일컬어 헬레니즘Hellenism이라고 한다. 헬레니즘 시대에 인도, 페르시아, 그리스, 이집트, 유대교 신비주의 등 다양한 동서방의 종교철학사상이 만나 융합된 종교철학사상이 형성되었는데, 이를 영지주의Gnostic라 한다. 영지靈知로 번역된 '그노시스gnosis'는 그리스어로 '지식'을 뜻한다. 특히 인간을 구원에로 이끄는 영적 깨달음을 일컫는다. 초기 그리스도교 영지주의를 대표하는 학자로는 시몬 마구스Simon Magus, 사토르닐로스Satornilos, 바실리데스Basilides, 발렌티누스Valentinus를 들 수 있다. 초기그리스도교 영지주의 책으로는 『헤르메스 문헌집Corpus Hermeticum』을 들 수 있다. 이 책은 하느님에 대한 바른 깨달음(正覺)을 구원의 선결요건으로 제시한다. **"인간에게 구원을 주는 유일한 길은 하느님에 대한 깨달음이다."**(C.H.1:3)

기원 2-3세기에 꽃을 피웠던 그리스도교 영지주의에서는 말씀이 육이 되었다는 도성육신道成肉身 사상을 정면으로 부인했다. 그들은 육肉 자체를 악한 것으로 보았기 때문이다. 하느님의 아들은 순수한 영적 존재이기 때문에, 결코 육肉이 될 수 없다는 것이 그들의 생각이었다. 사도정통교회가 주장하는 하느님의 아들의 고난, 부활신앙 또한 영지주의는 인정하지 않았다. 그것은 하느님의 아들이 육으로 온 것을 전제한 개념들이기 때문이다.

당시 사도정통 그리스도교 세계에서는 어떠했는가? 그들은 로고스*ho logos*가 육*sarks*이 되었다는 도성육신道成肉身 사상 위에 복음의 뼈대를 세웠다. 로고스가 육肉이 되어 우리 가운데 머물러 있던 분은, 다름 아닌 나사렛에서 태어난 역사적 예수이다. 예수의 고난과 십자가 처형은 영의 세계에서 일어난 환영幻影이 아니라, 육肉의 세계에서 일어난 사건이었다. 그들은 예수의 부활 또한 영의 부활이 아니라 육체의 부활 사건으로 받아들였던 것이다. 영의 세계에서 일어난 가현假顯 사건이 아니라, 역사의 한 복판에서 실제로 일어난 육의 사건인 예수의 죽음과 부활사건에서 사도정통교회는 대속적代贖的인 구원의 의미를 찾았다. 예수의 십자가와 부활사건은 하느님의 아들이 인류의 죄를 대신 짊어진 대속사건이었다는 것이다.

구원의 방식에 있어서, 영지주의교회와 사도정통교회 사이에는 차이가 있다. 사도정통교회에서는 구원을 어떻게 설명하는가? 예수가 내 죄를 대신해 죽음으로써 내가 구원을 받게 되었다고 믿는다. 예수의 죽음에 대한 대속적인 믿음이 결정적인 역할을 한다. 그렇다면 영지주의교회에서는 구원이 어떻게 이해되고 있는가? 그것은 개인의 영적 깨달음의 문제이다. 영적 깨달음을 통해서 구원에 이르게 된다. 영적 선각자 예수는 단지 우리를 깨달음의 길로 인도하는 영적 스승일 뿐이다. 깨달음을 얻고 나면 나와 예수 사이에는 질적 차이가 있을 수 없게 된다. 영지주의교회에서 신도의 궁극적인 목표는 내가 크리스천이 되는 게 아니라, 스스로 깨달음을 통해서 내가 그리스도가 되는 데 있다.

기원후 3세기경부터 사도정통교회가 그리스도교 세계에서 주도권을 장악하기 시작하면서 영지주의 교회들은 점점 쇠퇴의 길을 걷기 시작했다. 그 이후로 영지주의는 다양한 모습으로 변화하고 발전하면서 중세기까지 명맥을 유지해 왔다. 엄격한 금욕주의를 실천한 마니교Manichaeism와 카타르파Cathari가 영지주의 사상을 계승하였다.

그러면 우리는 요한복음에서 영지주의 사상들을 발견할 수 있는가? 요한복음은 구원의 조건으로써 믿음과 함께 깨달음도 강조된다. 영생은 다른 것이 아니라 하느님과 그가 보내신 예수 그리스도를 '아는 것'이라고 한다.(요17:3) 하느님과 예수 그리스도에 대한 올바른 앎gnosis이야말로 영생에 이르는 지름길이라는 것이다. 예수는 하늘에서 내려온 생명의 빵이다.(요6:35) 이 세상에서 예수에게 속한 양들은 그의 음성을 들으며, 예수는 그의 양들을 안다.(요10:27-29) 예수는 아버지가 계신 곳, 영적 세계인 하늘본향으로 돌아갈 것을 누차 말한다.(요17:11-13) 예수는 그의 양들이 머물 하늘처소를 예비하러 간다. 가서 예비하면, 다시 와서 그의 양들을 그곳으로 데리고 간다.(요14:2-3) 예수는 자기에게 속한 무리들을 데리고 하늘로 올라간다.(요12:32) 예수가 세상에 '옴과 감' 자체가 구원사건이라는 요한복음의 구원관은 영지주의의 그것과 별반 다를 것이 없다. 예수는 자기가 어디서 왔으며 어디로 가는지를 알고 있다.(요8:14) 그는 아버지에게서 와서 세상에 머물다가, 세상을 떠나 아버지에게로 돌아간다.(요16:28) 요한복음은 믿음을 강조하지만, 동시에 개인의 깨달음 또한 구원을 얻는데 중요한 요인으로 받아들인다. 하느님과 예수 그리스도가 어떤 분인지, 이에 대해 바르게 '영적으로 깨닫는 것'이야말로 구원(영생)을 얻는 기본 전제이다.(요17:3; 참조, 8:32) 복음서 저자에게는 하느님과 예수 그리스도에 대한 영적(바른) 깨달음이 생명을 준다. 그러나 이러한 동일한 결과가 믿음에서도 나온다. 요한에게 있어서 영적 지식*gnosis*과 믿음*pistis*은 구원과 생명을 얻는데 있어서 양 날개 역할을 하고 있음을 볼 수 있다.

쿰란종파의 영향

팔레스타인의 사해死海지방에서 쿰란문서Qumran Library가 발견된 이후(1948년), 요한복음의 이원사상이 쿰란종파의 이원론에서 왔다는 주장이 제기되었다. 허나, 쿰란종파Qumran Sects의 이원론 사상 역시 당시 널리 퍼져있던 보편적인 영지주의 사상의 영향 하에 있었을 것이다. 쿰란종파는 사막으로 물러나 폐쇄적인 수도원修道院공동체 생활을 했다. 그들은 지구 마지막 날에 있게 될 묵시전쟁apocalyptic War 때 메시아가 와서 '빛의 아들들'인 그들을 구원해 줄 것이라는 종말적인 대망待望 속에서 살았다.

이상에서 우리는 요한복음을 형성하고 있는 신학적 배경을 이루고 있는 사상들을 간략하게 살펴보았다. 이러한 다양한 사상들과의 상호 통섭하는 가운데 요한복음 저자는 요한공동체 고유의 로고스 그리스도론을 발전시켜 나갔던 것이다.

5

요한복음 신학

그리스도론

(1) **일반적인 로고스 사상**: 요한복음이 다른 복음서들과 다른 점은, 독특한 개념이나 언어를 사용하고 있다는데서 발견된다. 이원론적인 개념들과 더불어 로고스가 그 대표적이다. 우선 복음서 서시序詩에서 로고스는 보통명사(*logos*)가 아니라 고유명사(*ho logos*)로 나타나고 있다. 하나의 인격개념人格概念으로 사용되고 있음을 볼 수 있다.

로고스라는 개념을 가지고 복음서 저자가 표현하고자 했던 바는 무엇인가? 첫째는 당시 그리스-로마의 종교철학 세계에서 널리 쓰였던 우주의 근원*arche*이나 또는 질서*cosmos*로서의 로고스를 말할 수 있다. 우주만물의 존재를 가능하게 하는 이치理治나 일종의 틀거리(形式)를 말하기도 한다. 그리스 세계에서는 우주만물을 비롯해서 신神들까지도 '로고스 안*en logos*'에 자리를 갖는다.

플라톤 철학에서는 그리스 사회를 좀 먹고 병들게 했던 근본 원인을 그리스 신화*mytos*에서 찾았다. 『일리아드*Iliad*』와 『오디세이*Odyssey*』에 나타나는 신화들이 그 대표적이다. 그에 대한 대항개념對抗概念으로써 그들은 철학적 이성인 로고스*logos*를 제시했던 것이다. 플라톤은, 신화神話에 의해서가 아니라, 철학적 이성哲學的理性을 지닌 지도자들에 의해서 통치될 때, 이상국가理想國家나 건전한 사회가 건설될 수 있다는 입장을 피력했다.

 (2)**로고스 그리스도론**: 초기그리스도교 세계에서 예수가 누구인가를 교리敎理의 지평에서 설명하는 것을 일컬어 그리스도론Christology이라 한다. 초기그리스도교 세계의 그리스도론은 크게 두 갈래로 나뉜다. 안디옥교회 학파의 양자론Adaptionism이 그 하나이고, 알렉산드리아교회 학파에서 형성된 로고스 그리스도론이 다른 하나이다.

 양자론養子論은 무엇인가? 예수는 30세쯤 집을 떠나 출가出家한다. 그는 요르단 강으로 나아가 요한 침례자에게 침례를 받고 올라온다. 그 때 성령이 비둘기처럼 그의 머리 위에 내려앉고 하늘에서 소리가 들린다. "**너는 내 사랑하는 아들이요, 내가 기뻐한다.**"(막1:11) 세례를 받는 순간, 비로소 예수는 하느님의 아들로 인정認定받게 되었다는 것이다. 바울에 따르면 예수는 '육에 따라서는*kata sarka*' 다윗의 혈통에서 태어났지만, '영에 따라서는*kata pneuma*' 죽은 자 가운데서 부활함으로써 능력 있는 하느님의 아들로 인정되었다고 한다.(롬1:3-4) 바울에 따르면 예수는 죽었다가 부활함으로써 비로소 하느님의 아들로 인정認定되었다. 예수는 태생적으로 하느님의 아들이 아니라,

세례를 받을 때 또는 부활의 시점에서 비로소 하느님의 아들로 인정받게 되었다는 것이다. 이를 가리켜 양자養子 그리스도론이라 한다.

우리는 요한복음 1장을 로고스 그리스도론Logos Christology이라 부른다. 로고스는 그레꼬-유다 사회에서 다양한 의미를 지니고 있는 개념이다. 말씀, 진리, 도, 이성, 원리, 신적 지혜, 영적 지식gnosis을 뜻하기도 한다. 지혜 로고스는 창조의 능력을 지닌 하느님의 말씀으로 나타난다.(창1:3; 시33:6) 지혜문학서에 등장하는 선재先在Pre-existence하는 호크마Hochma 또는 소피아Sophia는 하느님과 함께 세계창조에 참여한다. "야훼께서 모든 것을 창조하시기에 앞서 태초에 나(지혜)를 가지고 계셨다. 영원 전. 맨 처음에 세상이 시작되기 전에 나는 세워졌다. … 그분이 세상의 토대를 세우실 때 나는 그분 곁에서 건축사가 되어 매일 기쁨으로 충만하였고. …"(잠8:22-33)

헤라클리투스Heraclitus(기원전 6세기)는 우주의 원리나 이성을 일컬어 로고스라 했다. 유대교 창조사상과 그리스 로고스 사상의 접목을 꾀했던 디아스포라 유대인 알렉산드리아의 필로Philo von Alexandria는 신의 세계와 인간 세계 사이의 소통疏通과 중재仲裁를 중시하는 로고스 철학사상을 발전시켰다.

요한복음서 최종 편집자는 이러한 필로의 로고스 사상을 그리스도교 복음과 접목시키는 작업을 했다. 그 결과로 나타난 것이 요한복음서 제1장의 로고스 그리스도론이다. 복음서 저자에 따르면 로고스는 선재하는 하느님이며, 세계창조의 중재자이고, 구원자이다. 신적 존재인 '그 로고스*ho logos*'가 인간이 되어 우리 가운데 사신 분이 다름 아닌 요한공동체가 믿고 따르는 나사렛 예수라는 것이다. 복음서 저자는 헬라세계와 유다세계의 지식인 사회에서 두루 공감대를 형성하고 있던 로고스 개념을 도입하여 복음과 접목시킴으로써 로고스 그리스도론을 완성했던 것이다.

(3)**신적神的 인간 예수**: 요한복음의 그리스도론은 예수의 신성神性을 증언하는 데 집중되어있다. 그런 점에서 예수의 인간적인 모습을 증언하는 데 주저하지 않는 마가복음과 대조를 이룬다. 예수는 자기를 소개하는 과정에서 이미 앞에서 살펴본 바와 같이 하느님의 자기계시 형식인 "나는 …이다*ego eimi*"를 자주 사용한다. "**나는 길이요 진리요 생명이다.**"(요14:6) "**나는 참 포도나무이다.**"(요15:1) "**나는 부활이요 생명이다.**"(요11:25) "**나는 문이다.**"(요10:9;10:7) "**나는 생명의 빵이다.**"(요6:35) "**나는 세상의 빛이다.**"(요8:12;9:5) "**나는 선한 목자다.**"(요10:11) 복음서 저자는 예수 그리스도를 인간들이 살아가는데 없어서는 안 될 보편적 가치들과 일치시켜 소개한다. 인간이 살아가기 위해서 가져야 하고 또 가지지 않으면 안 되는 것, 곧 세상이 동경하는 것을 이루어주는 자로 자기를 소개한다.

"에고 에이미*ego eimi*"에서 에고*ego*는 주어가 아니라 서술어임을 주목해야 한다. 생명의 빵, 진리, 길, 생명, 빛가운데 이미 예수가 현존한다는 것이다. 예를 들면 '에고 에이미 호 아르토스 테스 조에스*ego* *eimi ho artos tes zoes*'는 "내(예수)가 생명의 빵이다"로 번역될 것이 아니라, "생명의 빵이 나(예수)다"로 번역되어야 할 것이다. 이렇게 해석할 때 예수는 한갓 나사렛 청년 예수라는 한 개체個體를 넘어서, 시공을 초월하여 보편성을 띤 의미체意味體요 가치체價値體로 이해된다. 왜 그런가? 진리와 생명이 있는 곳에는 언제나 예수가 현존現存하기 때문이다. 예수가 진리인 것을 넘어서, 진리가 곧 예수이기 때문이다. 그런 뜻에서 성서의 예수 이야기(his story)는 곧 그 말씀을 읽는 독자의 '나의 이야기my story'가 되기도 한다. "나는 길이요 진리요 생명이다."에서 '나'는 길과 진리와 생명을 추구하는 삶을 살고 있는 모든 사람들에 해당한다. 곧 보편적인 예수는 진리와 생명을 추구하는 사람들 안에 현존한다. 그들은 곧 예수의 화신化身으로 살고 있는 것이다. 이미 복음서 저자는 하느님, 예수, 제자들이 불이즉일不二卽一의 관계에 있음을 선언하고 있다. "그리고 당신이 내게 주신 영광을 나는 그들에게 주었습니다. 이는 그들이 우리가 하나hen인 것 같이 하나hen이기 위함입니다. 곧 내가 그들 안에 있고, 당신이 내 안에 있음으로 그들이 완전하여 하나hen가 되게 하려는 것입니다."(요17:22-23)

(4) **부자유친父子有親의 예수**: 요한복음에 나오는 그리스도론의 특징 중 하나는 하느님과 예수의 관계를 부자유친의 관계로 설정하는 데 있다. 요한복음에는 '아버지pater'라는 단어가 무려 138회 등장한다. 그 중 대부분이 예수가 하느님을 부르는 호칭呼稱으로 사용된다. 예수는 하느님과의 어떤 관계를 강조하기 위해 '아버지pater' 호칭을 즐겨 쓰고 있는가? 예수는 유대인의 민족주의 이데올로기와 결부된 신 호칭

인 하느님을 즐겨 쓰지 않는다. 하느님 대신에 보다 더 보편적이고 실존적인 개념인 아버지 또는 '아빠' 호칭을 즐겨 쓴다. 하느님과의 친밀함을 표현하기 위해서다. 아들은 아버지 안에, 아버지는 아들 안에서 하나를 이룬다. "너희는 내 안에 있고, 나도 너희 안에 있다.*mcinate en emoi, kago en hyumin*"(요15:3) 아버지와 아들은 하나이다.(10:30; 17:20-23) 기능면에서 부자父子는 하나이다. 아버지가 항상 일하시니 아들도 일한다.(5:17-18) 앎 면에서도 하나이다. 아들을 아는 것은 곧 아버지를 아는 것을 뜻한다.(5:23; 8:19; 14:7,21) 아버지의 영광이 아들에게 나타난다는 점에서 부자父子는 하나이다.(1:14; 2:11,18; 4:48,53; 5:36; 6:32,44; 8:21; 21:19) 친밀성에서도 부자父子는 하나이다.(10:15,38; 17:20-23) 예수에게는 육친의 부모에 대한 효보다도 천지 부모에 해당하는 하느님 아버지에 대한 효성孝誠이 더 근본적이다. 예수는 하느님을 시종일관 아버지로 모시고 그 분의 뜻에 따라 효성孝誠을 다한 아들이다. 아들은 아버지의 대리인代理人으로써 아버지에게 순종한다. "나의 음식은 나를 보내신 분의 뜻을 행하고, 그분의 일을 완수하는 것입니다."(4:34; 5:30; 14:31), 아들은 아버지에게 영광을 돌리는 삶을 살며,(8:49) 아버지를 영화롭게 한다.(17:1) 아버지는 아들을 사랑한다.(3:35; 17:5) 아버지 하느님에 대한 아들 예수의 효성孝誠의 지극함을 우리는 십자가 사건에서 본다. 예수의 십자가 사건은 아버지의 뜻을 이룬 구원사건이기 때문이다.

구원론

요한복음 저자는 그의 책 말미末尾에서 이 책을 쓰게 된 경위經緯를 다음과 같이 밝힌다. "이 책을 쓴 목적은 예수는 그리스도이시며 하느님의 아드님이심을 믿고 그 믿음으로 여러분이 그분의 이름으로 생명을 얻게 하기 위함이다."(요20:31) 예수가 하느님 아들 그리스도임을 믿음으로써 생명을 얻고 구원에 이르게 하는 것이 이 책을 쓰게 된 동기이다.

구원을 얻는 방법으로 복음서 저자는 그 시대의 이원론적 개념을 쓴다. 암흑과 죽음의 세계에 살고 있는 인류를 광명과 생명의 세계로 인도하는 예수를 알고 믿음으로써 구원을 얻게 된다는 것이다. 예수에 대한 인격적 만남이 인간의 구원을 결정짓는다. 그런 의미에서 요한의 구원론은 '지금-여기'에서의 실현된 종말론realized eschatology의 성격이 강하다. 미래적인 구원의 성격을 말하기도 하지만,(3:36; 12:25) 그 강조점은 어디까지나 신도들이 현세에서 맛볼 수 있는 영생에 있다.(6:33; 10:10; 17:3) 요한복음에는 미래적 성격을 지닌 종말론(5:28-29; 6:39-40,44,54; 12:48; 14:3; 21:21-23)과 현세적 종말론(1:12; 3:18-19; 5:24; 11:25; 12:31)이 공재共在한다. 허나, 현세적現世的 종말론이 우세를 보인다.

교회론

요한복음에는 교회를 나타내는 전문용어인 에클레시아ecclesia가 등장하지 않는다. '카할kahal'을 비롯해 유대인들의 종교공동체를 뜻하는 용어들도 등장하지 않는다. 대신, 요한복음에는 히브리 성서에서 하느님의 백성을 상징하는 '목자와 양'(10:1-8), '포도나무와 가지'(15:1-7)와 같은 이미지가 등장한다. 모두 공동체를 나타내는 개념들이다. 요한은 교회를 영의 공동체로 성격을 규정하기도 한다.(14:6-7,

25-26; 15:26; 16:7-11,12-15) 예수는 참 이스라엘이며, 그가 곧 교회이다. 신도들은 목자의 양으로써 그리고 포도나무의 가지로써 교회에 참여한다.

요한교회는 그리스도와 신도 사이의 개인적인 사귐koinonia과 영적 깨달음을 중요시한다. 목자는 자기 양을 알고, 양은 목자의 소리를 안다. 하느님은 예수를 알고 예수가 하느님을 알듯이, 예수는 그의 양들을 안다.(12:50; 13:7,17; 14:17; 17:7) "그 날에는 내가 아버지 안에, 너희가 내 안에, 내가 너희 안에 있는 것을 너희가 알리라."(14:20) 영생은 다른 것이 아니다. 유일하신 참 하느님과 예수 그리스도에 대해 아는 것이다.(17:3) 여기에서 '기노스케인ginoskein'은 표피적인 지식을 말하지 않고, 심층적인 앎, 곧 몸으로 아는 것을 뜻한다.

바울은 교회와 신도 사이의 유기적 관계를 몸soma과 지체mele로 설명한다.(고전6:15) "그리스도는 많은 지체를 가진 한 몸과 같다. 몸은 하나지만, 많은 지체로 구성되어 있다. 몸의 지체는 많지만 하나의 몸을 이루고 있다."(고전12:12) 바울은 그리스도와 각 지체 사이의 수평적이고 상호 보완적인 관계성을 중요시 한다. "지체는 여럿이나 몸은 하나이다."(고전12:20) 요한복음의 경우는 어떤가? 신도는 목자에 속한 양떼이다.(요10:1-8) 그리고 포도나무에 달린 가지이다.(요15:1-7) 이와 같이 요한교회 공동체에서는 교회와 신도 사이의 수직적 긴밀성이 강조된다.

요한복음에는 후기 첨가된 21장을 제외하면, 교회의 서열을 나타내는 어떠한 교회직제도 등장하지 않는다. 새 이스라엘 백성의 지도자를 상징하는 '사도'라는 개념도 등장하지 않는다. 물론 '12제자hoi dodeka'라는 개념은 언급되지만,(요6:67-71; 20:24) 그것은 그들은 사도도 아니고 특권계층을 의미하지도 않는다. 평신도로써의 제자 개념으로 사용되고 있을 뿐이다.

여성제자들

요한복음에서는 예수를 따르는 여성들의 지혜로운 행태가 자주 등장한다. 사마리아 여인의 이야기(요4:7-42)는 초기 그리스도교 복음이 어떤 방식으로 유대인들과 대척對蹠관계에 있는 사마리아 지역에 선교되고 있는지를 보여준다. 이 이야기에는 요한교회 공동체가 사마리아 지역 선교와 밀접한 관계를 지니고 있음을 알 수 있다. 부활절 이야기(요19:25; 20:1-2,11-18)에서도 막달라 마리아가 베드로보다 더 중요한 위치를 차지하고 있었음을 암시해준다. 그 외에도 마르다 이야기(요11:1-14), 베다니의 마리아 이야기(요12:1-8), 예수의 모친 이야기(요2:1-11; 19:25-27)에서 여성제자들은 초기 그리스도교 선교에 있어서 남성제자들보다도 더 소중한 역할을 담당했던 것 같다. 이로 미루어 요한복음을 기록한 교회공동체 내에는 그 어떠한 지배 그룹이나 특권층이 없었다는 것을 알 수 있다. 이는 요한복음과 거의 동시대에 쓰인 신약성서의 다른 문서들과 좋은 대조를 이룬다. 예를 들면 목회서신에는 감독, 장로, 집사 등 교회 내의 직제들이 서열화하여 나타나고 있다. 로마제국의 가부장제 사회 속에서 남녀평등의 제자도를 실천했던 요한교회

공동체의 진취적인 모습을 우리는 그들의 복음서에서 읽을 수 있다.

성령론

요한복음의 현세적現世的 종말론은 요한교회 공동체의 성령체험과 연관성이 있다. 성령은 무엇인가? 성령은 교회공동체의 예배 가운데 현존現存하는 분이다. 그런 의미에서 예배드리는 자는 영과 진리로 드리지 않으면 안 된다고 한다.(요4:24) 그리스도인은 물과 성령으로 다시 태어나야 하느님 나라에 들어갈 수 있다고 하기도 한다.(요3:5) 그리스도인은 성령을 체험해야 하고, 성령의 인도를 받는 삶을 살아야 한다는 것이다. 성령은, 마치 배에서 생수의 강이 흘러넘침과 같이, 그리스도인의 일상적인 삶에서 풍성하게 체험되는 것이다.(요7:37-38) 부활의 예수는 제자들에 나타나 선교 사명을 부여한다. **"너희에게 평안이 있으라. 아버지께서 나를 보내신 것 같이, 나도 너희를 파송한다."** 그 선교 사명을 완수하기 위해 **"성령을 받으라"**고 한다.(요20:22) 부활사건 이후 성령 강림과 더불어 선교사명이 부여된다. 요한복음에서 성령은 그리스도의 현존양식現存樣式을 지칭하고 있음을 알 수 있다. 그리스도는 어떤 방식으로 교회의 예배와 그리스도인의 삶 속에 현재現在하는가? 성령을 통해서이다.

요한의 편지들과의 관계

요한 1·2·3서는 저자를 밝히지 않고 있다. 요한 1서의 저자는 익명匿名으로 되어있고, 요한 2서와 요한 3서의 저자는 편지의 서두序頭

에서 스스로를 '장로*ho presbyuteros*'라고 밝히고 있다. 서신의 문체나 내용의 흐름을 고려할 때, 요한의 편지들은 모두 한 저자에 의해서 쓰였다고 보는 것도 무리는 없을 것이다. 요한 1서와 요한2서는 반反 그리스도교antichristianity 집단과 그리스도론에 관한 논쟁을 벌이고 있다는 점에서 요한복음과 공통점이 발견된다. 동시에 요한 2서와 요한 3서는 지역교회local Church들이 떠돌이선교사들Wanderprediger 의 방문을 받았을 때, 그들을 어떻게 접대해야 하느냐에 대한 공통 상황에서 집필되고 있음을 볼 수 있다. 이러한 점들을 종합적으로 고려할 때 요한 편지들은 한 저자에 의해 집필되었다고 보는 것이 타당할 것이다. 따라서 저자 문제는 '장로'가 누구를 지칭하고 있는 가를 살펴보면 될 것이다.

'장로presbyterian'는 일반적으로 늙은이를 가리키는 보통명사이다. 초기그리스도교 세계에서는 교회 지도자를 상징하는 이름으로 쓰이 기도 했다. 요한 편지들에서 사용된 장로는 일종의 목회 직책이라기 보다는 공동체 내에서 존경받는 선생에 대한 명예 호칭이었을 것이 다. 익명의 애제자와 함께 장로 요한은 요한교회공동체에서 존경받 는 인물이었던 것으로 보인다. 유세비우스Eusebius는 파피아스Papias 의 글에 '장로 중 하나인 요한'을 언급한 뒤, 주의 '제자 중 한 사람 인 요한'에 대해 언급을 한다. 동일 인물인가, 아니면 다른 인물인 가? 이를 사도 요한과 장로 요한으로 나누고, 요한 편지들의 저자를 사도 요한의 제자인 장로 요한으로 보려는 학자들도 있다. 하여튼 분명한 것은, 그는 요한교회의 설립자 뒤를 이어 요한교회의 신학사상을 대변한 교회 지도자였을 것이다.

그렇다면 요한복음과 요한의 편지들은 동일인의 저작인가? 요한편지들이 요한복음과 문체의 스타일이나 신학내용에 있어서 서로 유사성이 발견된다는 것에는 이론異論의 여지가 없다. 두 저서가 동일 저자에 쓰여진 작품으로 보아도 큰 무리는 없을 것이다. 허나, 둘 사이에는 신학사상에 있어서 차이가 드러난다. 복음서에서 파라클레토스parakletos는 성령이다. 반면에 첫째 편지에서는 예수가 파라클레토스(보혜사保惠師)로 등장한다.(2:1) 요한복음에서는 현재적 종말론이 강하지만, 요한 편지에서는 미래의 종말론이 주류를 이룬다.(요일2:29; 3:3) 복음서에는 구약성서가 중요한 증거자료로 자주 인용된다. 반면에 편지에서는 전혀 인용되지 않고 있다. 이와 더불어 복음서 저자에게 애제자愛弟子라는 별칭이 붙어 있는데, 굳이 장로라는 또 하나의 다른 별칭을 붙일 이유가 없다. 이런 점들은 복음서와 편지들이 동일 저자일 수 없다는 것을 뒷받침해준다.

요한의 편지들에는 복음서의 주요 이슈인 그리스도론에 대한 다양한 해석을 둘러싸고 교회가 분열된 상황이 반영되어있다. 이는 편지들이 복음서보다 뒤에 쓰여진 것임을 말해준다. 요한 첫 번째 편지는 영지주의적 가현설Gnostic Doceticism을 반박하면서 육으로 오신 그리스도론을 주장하고 있다.

요한복음에는 모세종교 회당공동체와의 대치상황에서, 요한교회가 자기 정체성正體性을 형성해가는 과정이 잘 나타나있다. 반면에 요한

편지들에는 이미 형성된 예수 정체성identity이 교회의 분열과정에서 해체되어가는 위기상황이 반영되어있다. 예수는 하느님 아들로써 참 인간으로 태어난 분, 곧 도성육신道成肉身한 분이라는 것이다. 하느님 과 예수는 무엇보다도 부자유친父子有親의 관계라는 것이다.(요일1:2,3; 2:22-24; 4:14) 성령의 기능은 신도들에게 예수를 바로 알고 믿게 하고, 바른 길로 인도하는 것이다.(요일2:20,27; 요일4:13-16; 요일5:6-8) 신도들은 하 느님에게서 태어난 하느님의 자녀들이다.(요일3:1,2,10; 요일5:2) 요한복음 과 편지들은 문학 장르는 서로 다르지만, 신학 내용을 공유하고 있 다는 점에서 종합하여 요한문헌이라고 불릴 수 있을 것이다. 양자兩 者 사이에는 상호 유사성과 상이성이 함께 존재한다. 이러한 상이성 은 요한교회 내에 있었던 선교 상황의 변화와 관련되어 있을 것이다.

요한복음의 문학 구조

　1. 서시序詩(1:1-18)

　2. 제자들 앞에서의 자기계시(1:19-12:50)
　　2-1) 예수 공생애 시작(1:19-4:54)
　　2-2) 예수 신성 논쟁(5:1-12:50)

　3. 세상 앞에서의 자기계시(13:1-20:31)
　　3-1) 최후만찬 및 고별설교(13:1-17:26)
　　3-2) 수난 및 죽음(18:1-19:42)
　　3-3) 부활(20:1-29)
　　3-4) 결어(20:30-31)

　4. 부록(21:1-25)

제2부

요한복음서와 동방사상

1

요한복음 1장 1-3절과 『도덕경』

신약성서는 27권의 서로 다른 책들로 엮어진 일종의 총서叢書이다. 문학 장르 별로 보면 복음서, 역사서, 서신이 있다. 제일 먼저 바울서신 문서들이 50-60년경에 쓰였고, 그 뒤를 이어 공관복음들 synoptic Gospels이 70-90년경에 쓰였다. 요한복음이 100년경에 기록되었고, 신약성서에서 맨 마지막에 쓰인 것으로 추정되는 베드로후서는 150년경에 쓰였다. 신약성서 27권은 약 2세기에 걸쳐 기록되었다.

바울서신 문헌들은, 복음의 핵심을 예수의 십자가와 부활사건에서 찾았다. 십자가와 부활을 '내 죄를 대신한 사건'으로 받아들이면서, 그리스도 안에서en Christo 새로운 존재에로의 변화체험을 바울은 강조했다. 공관복음서는 이러한 바울의 신학사상을 수용하되, 이를 예수의 공생애public life로 확장하여, 역사적 예수의 삶과 가르침을 포함시켜 복음의 내용으로 증언한다. 복음의 외연外延이 예수의 죽음과 부활사건에서 예수의 `역사적 삶의 이야기에로 확장되어 갔음을 볼 수 있다.

역사적 예수가 죽은 지 70년이 지나, 바울서신 문헌들과 공관복음 문헌들이 초기그리스도교 세계에서 널리 읽히고 있을 즈음에, 요한복음이 기록되었다. 요한복음 저자는 물론 공관복음이 전하는 역사적 예수의 공생애公生涯와 바울이 전하는 예수 죽음의 대속적代贖的 의미(이를 *Kerygma*라고 한다)에 대해 이미 많은 정보를 수집하고 있었을 것이다. 요한복음 저자는 공관복음이 전하는 역사적 예수의 공생애公生涯와 바울의 십자가와 부활에 관한 복음을 우주적인 구원론의 틀에서 영靈*pneuma*과 진리眞理*aletheia*로 선포한다.(요4:24)

'태초에 *en arche*'

'엔 아르케*en arche*'를 영어성경으로는 보통 "in the beginning"으로 번역했으나, 이것은 만물의 시작과는 다른 개념이다. '엔 아르케'는 시간과 공간을 전제한 시작을 의미하는 개념이라기보다는, 시간과 공간이 생기기 전이라는 해석이 더 적절할 것이다. 요한복음 1장 1절의 '엔 아르케 엔 호 로고스*en arche en ho logos*'를 중국어성경에서는 태초유도太初有道로 번역했다. "태초에 길이 있었다"는 뜻이다.

칸트I. Kant는 시간과 공간을 일종의 선험적先驗的인 직관형식直觀形式으로 보았다. 시간과 공간은 사람이 세계를 인식하기 위해 선험적으로 주어진 사고思考의 절대적인 기본 틀이라는 것이다. 허나 현대과학의 상대성이론은 칸트가 내세운 고정불변의 절대시간과 절대공간 개념을 더 이상 받아들이지 않고, 시간과 공간을 시공연속체로써 사건 속에서 생성 소멸의 과정을 겪는 변화 가능한 그 무엇, 곧 구성변수構成變數로 보았던 것이다.

그러면 동방사상의 지평에서 '엔 아르케'는 어떻게 이해되어야 하는가? 동방사상에서는 만물의 근원인 우주의 본체를 일컬어 태극太極이라 했다. 태극이 음양을 낳고, 음양은 사상을 낳고, 사상은 팔괘를 낳고, 팔괘에서 만물이 생긴다고 했다. 이에 근거하여 북송 유학자 주돈이周敦頤, 1017~1073는 태극도설太極圖說로 형상화했다. 그는 우주만물의 생성 과정을 태극-음양-오행-만물로 보았다. 그는 무극이태극無極而太極이라해서 태극과 무극을 동일시했다. 절대유絶對有의 시작인 태극과 절대무絶對無의 세계인 무극을 동일시했던 것이다.

요한복음 제1장 1절의 '엔 아르케'는 곧 무극이태극無極而太極인 시간을 말한다고 볼 수 있다. "태초에 그 말씀이 있었다." 여기에서 태초는 인식 가능한 과학적 서술이라기보다는 오히려 일종의 신앙고백적인 시詩 언어에 가깝다. 그러면 태초부터 계신 분은 누구인가? 야훼 한 분 뿐이다. 야훼에게는 특정한 이름을 붙일 수 없다. 왜 그런가? 야훼는 스스로 그러한 존재이기 때문이다. 야훼는 '스스로 그러한 분'이다.(출3:14)

동방의 지혜종교들(불교, 유교, 노장철학 등)에는 인격신 개념이 없다. 신이라는 존재를 따로 설정하지 않는다. 우주와 대자연이 신의 피조물도 아니다. 자연은 주어나 명사가 아니고 일종의 술어이다. 스스로 그러하게 존재하는 것이 자연이다. 굳이 신을 말한다면, 동방의 지혜종교들에서는 계절의 변화에 따라 스스로 조화를 이루어가는 조화신造化神이 있을 뿐이다. 따라서 내가 자연의 일부라는 것을 깨닫고, 자연과 조화로움을 이루며, 자연과 하나 됨을 추구하는 것이 동방 지혜종교들의 궁극적인 지향점이다. 그런 면에서 동방의 지혜종교들은 범재신론panentheism에 가깝다고 말할 수 있을 것이다. 스스로 그러하게 존재하는 자존자自存者로 이해한다는 점에서는, 그리스도교의 하느님과 동방 지혜종교들의 자연 사상에는 상호연관성이 있다.

기독교는 자연 자체를 신격화하거나, 찬양이나 경배의 대상으로 삼지 않는다. 모든 자연물의 존재 터전이며 근원인 창조주 하느님을 경배하고 찬양한다. 허나, 동방 지혜종교 사상에서는 자연에 대해서도 경외하는 태도와 신심을 잃지 않는다. 동학의 2대 교조 최시형은 삼경사상三敬思想을 말했다. 하늘을 공경하고(敬天), 사람을 공경하며(敬人), 한 걸음 더 나아가 만물을 공경해야 한다는 것이다(敬物). 특히 그의 대인접물待人接物 사상에는 경물사상이 잘 드러난다. 사람이 사람을 대하고 만물을 대하는 데 있어서 반드시 지키지 않으면 안 될 도리가 대인접물이다. 그리스도교의 십계명에서는 '살인殺人하지 말라'는 계명을 말한다. 최시형은 여기에서 한 걸음 더 나아가 살생금지殺生禁止를 말한다. 우주만물은 시천주侍天主 아님이 없고, 하나같이 하늘(天地)의 영롱玲瓏한 기운을 갖고 태어나고 서로 연관되어 있는 탓에 죽여서는 안 된다는 것이다. 그는 개숫물을 버릴 때도 반드시 식혀서 가까운데 버렸다고 한다. 혹여 벌레가 죽지 않을까 배려해서다.

그는 우주만물이 하느님을 모시고 있지 않은 것이 없다고 했다. 인간뿐만 아니다. 만물이 하느님을 모시고 있으며, 우주만물에 신성이 깃들어 있지 않은 것은 없다. 최시형의 천지부모설天地父母說에 따르면, 천지와 부모는 '한 몸'이다. 사람들이 부모의 임신과 출산만 알지, 천지의 임신과 출산에 대해 이치를 깨닫지 못하는 것을 최시형은 안타깝게 생각하였다. 우주만물이 천지라는 한 부모 밑에서 태어난 자식이라면, 만물은 서로 혈연관계를 맺은 형제자매 관계에 있는 것이 아닌가? 나와 길가에 피어있는 들꽃 한 송이는 아무 관계없이 따로 존재하는 것이 아니라, 서로 친척뻘이 된다. 우주만물과 내가 한 동포요 형제라는 최시형의 물오동포物吾同胞 사상은 우주만물을 상의상관相依相關된 유기적 전체성으로 이해한다.

조상숭배를 비롯해서 자연에 대한 경외심敬畏心과 존경심尊敬心을 나타내는 여러 의식儀式을, 서방 기독교문화에서는 일종의 자연에 대한 우상숭배라고 비판하면서 이를 배척했다. 근대 자연과학의 발달과 산업사회의 선두주자先頭走者인 서방 기독교 문화권은 자연을 단지 죽은 물질로써 인간의 욕망을 충족시키기 위한 수단으로밖에 보지 않았다. 동방 지혜종교에서는 자연을 경외한다. 자연 그 자체라기보다는 자연물에 깃든 신적 기운을 경외한다고 보는 것이 더 타당할 것이다. 노장사상老莊思想에서는 자연에 도道가 깃들어 있음을 보고 있으며, 불교에서는 만물에 불성佛性이 깃들어 있다고 본다. 유교에서는 자연에 천리天理가 깃들어 있으며, 동학에서는 하느님의 성품이 깃들어 있다고 본다. 동방 지혜종교들에서 나타나는 이러한 자연에 대한 경외의식敬畏儀式은, 기독교적으로 말하면 대자연에 깃들어 있는 하느님의 영적 기운(聖靈)에 대한 일종의 경외심이라고 볼 수 있을 것이다. 동방 종교들의 자연 경외신앙은 유일신론monotheism이 아닌 범재신론panentheism에 가깝다. 이 점에서 그것은 서방기독교의 신론神論과는 차이가 있다. 동방 종교의 범재신론의 지평에서 본다면, 하느님은 '근원적 본질'이며, 자연만물은 '결과적 현상'에 해당한다.

도덕경 제1장에 따르면, 하늘과 땅의 태초太初인 무無와 천지만물의 포태胞胎인 유有는, 둘 다 도道에 뿌리를 두고 있다. 단지 이름만 서로 다를 뿐이다. 전자는 신비神秘의 세계요, 후자는 현상現象의 세계이다. 전자는 시간 잉태 이전의 시간, 곧 정중정靜中靜의 무극無極의 시간이며, 후자는 시간이 잉태된 시간, 곧 정중동靜中動의 태극太極의 시간을 말한다.

"태초에 그 말씀이 있었다."에서 '태초en arche'는 '그 말씀ho logos'이 있었던 것으로 보아, 무극의 시간이 아니라 태극의 시간을 말하고 있음을 알 수 있다. '말씀'으로 번역된 그리스어 '로고스logos'는 플라톤 철학과 스토아철학의 세계관을 나타내는 중요한 개념이다. 흔히 우주의 근본원리 또는 이성理性으로 번역 가능하다. 요한복음 저자는 로고스를 그리스 철학의 개념으로 사용하지 않았다. 그리스인들에게 익히 알려진 로고스 개념을 이용하여 그리스도교 복음을 전파하는 수단으로 삼았다. 요한복음은 로고스를 매개로 삼아 역사적 예수 그리스도의 삶과 가르침과 죽음을 통해 드러난 '육화 된 생명의 진리'를 증언하려는데 목적이 있다. 요한복음 저자의 관심은 로고스 철학이 아니라 로고스 구원론을 펼치는 데 있다.

요한교회 공동체가 처한 맥락context은 편의상 두 가지로 나누어 볼 수 있다. 사회정치적 맥락과 종교문화적 맥락이 그것이다. 로마제국의 황제제의가 전자에 해당된다면, 헬레니즘 세계에 널리 퍼져있던 스토아 사상과 영지주의 사상이 후자에 해당된다. 로마제국은 황제를 신격화함으로써 피식민국被植民國의 통치 이데올로기로 삼았다. 스토아-영지주의 사상은 영과 육의 이원론적 세계 이해, 불가시적인 영적 세계에 대한 관조, 마음의 평정平靜을 추구했다. 스토아철학에서 로고스는 우주의 생성 원리이며, 물질 속에 존재하는 신의 불꽃이기도 하다. 인간 속에 내재하는 신적 이성이기도 하다. 로고스는 초월자이면서 동시에 내재자이다.

요한교회 공동체는, 황제를 메시아로 섬기도록 강제하는 로마제국의 황제제의皇帝祭儀를 거부했고, 로고스의 육화肉化를 거부하는 영지주의 사상에 저항했으며, 유대의 율법종교가 제시하는 정치적 메시아사상도 거부했다. 요한교회 공동체는 역사의 실존 인물 예수를 참 생명이요 빛이며 진리인 로고스 메시아임을 증언했던 것이다.

복음이 한국인에게 생명을 주는 진리로 전달되기 위해서는 필수적으로 해석학적 과정을 거쳐야 할 것이다. 초창기에 요한복음 번역에서 '로고스'는, 중국어 성경에서와 마찬가지로, '도道'로 번역되었다. 요한복음 1장 14절, '말씀이 육신이 되었다'를 '도성육신道成肉身'으로 번역했던 것이다. 동방문화권에서 도는 우주만물의 생성 원리요 그 터전을 말한다. 자연만물로 하여금 스스로 그러하게 조화와 균형을 이루게 하는 힘이기도 하다. 허나, 19세기 말 서방 문물이 물밀듯이 들어오면서, 합리적이고 과학적인 사고가 각광을 받게 되면서부터, 서방문화가 한국사회를 지배하게 되었다. 서방 성경의 영향을 받아 한국교회는 로고스를 도道가 아닌 '말씀'으로 번역하게 되었다.

말씀은 말의 존칭어다. 말은 인간이 사회생활을 하는데 필요한 약속된 일종의 기호체계이다. 우리말 성경에는 '로고스'가 '말씀'으로 번역되어 있다. "태초에 그 말씀이 있었다." 말이란 소통수단 중 하나이다. 인간이 사회생활을 하기 위한 문명발전 과정에서 만들어낸 일종의 '약속된 기호체계'가 언어이다. 이러한 언어철학의 지평에서 볼 때 "태초에 말씀이 계셨다."(太初有道), "그 말씀이 육이 되었다."(道成肉身)는 요한복음의 번역은 혼란스럽다.

정상과학의 지평에서는 태초에 무엇이 있었다고 가르치는가? 빅뱅이다. 대략 150억 년 전의 일이다. 그 사건에 이어 물질계가 형성되고, 원자와 분자들이 충돌하는 과정에서 최초의 단백질이 합성되었다고 가정한다. 수 억 년에 걸친 변화과정 속에서 35억 년 전에 단세포單細胞 생명이 탄생하고, 다세포多細胞 생명체 진화의 맨 꼭지점에 인간이 서 있다고 가정한다. 다른 생명체와 달리 인간은 집단생활을 효과적으로 하기 위해 '언어'라는 약속기호체계를 만들어냈고,

어려서부터 이 언어를 교육시키고 습득시켜 내면화시켜 온 것이 인류역사이었음을 안다. 이렇게 현대과학에 길들여진 사람들에게 요한복음의 서론은 일종의 신화적인 이야기로 비춰질 수도 있을 것이다.

허나, 천체물리학의 빅뱅이론이나 생물학의 진화현상을 받아들인다고 해서, 우리가 유물론적 무신론자가 될 이유는 없다. 하느님은 태초에 우주만물을 단번에 완벽하게 창조하신 것이 아니라, 점진적으로 유구한 진화의 과정을 통해서 새롭게 창조하고 계신다. 하느님의 창조적 진화과정은 지금도 현재진행형이다. 우주에는 태초부터 로고스가 있었고, 동양적으로 말하면 도道가 태초에 있었고, 그 로고스나 도道의 창조적인 자기전개 과정이 우주역사를 이루고 있다. 이것을 창조적 진화라고 부를 수 있을 것이다.

"en arche en ho logos"

'엔 아르케 엔 호 로고스!' '태초에 그 말씀이 있었다!' '있었다'에 해당하는 그리스어 '엔en'은 영어의 be 동사에 해당하는 '에스틴estin' (있다; 존재하다)의 과거형이다. '있다,' '존재한다'는 것은 무엇을 뜻하는가? 한때는 없었던 것이 홀연히 가시적可視的으로 눈 앞에 나타나는 것을 말하는가? '하느님은 존재하신다.' 아마도 신앙인에게 있어서 이 명제命題보다 더 확실한 것은 없을 것이다. 그런데 하느님이 존재하신다는 것은 도대체 무엇을 뜻하는가?

우리가 일상생활에서 무엇이 '있다' '없다'고 말할 때, 그 사물이 일정한 길이의 시간과 일정한 넓이의 공간을 차지해야 한다. 모든 피조물은 시공연속체時空連續體 안에 던져져있다. 그리고 모든 존재는 반드시 인因과 연緣이 만나 존재인 과果를 이루게 되어있다. 하느님은 모든 피조물을 상의상관적相依相關的으로 만드셨다. 형태는 변해도 본질은 일정기간 동안 지속적으로 불변하는 실체의 성질을 지닌 것을 일컬어 존재라고 한다. 모든 존재는 무상성無常性과 무아성無我性 속에 놓여있다. 일반적인 신앙인들이 믿는 하느님은 어떤 분인가? 바로 이러한 존재의 범주category 안에 들어맞는 분이다. 하느님은 시간적으로 영원하신 분이며, 공간적으로 천국 보좌에 앉아 계신 분이라고 생각한다. 인연과因緣果에 있어서 하느님은 만물을 있게 하시는 존재의 제1원인prima causa이시고, 우주만물의 주권자(실체)로서 계신 분이다. 바로 이러하기 때문에 하느님은 존재하신다고 우리는 통속적으로 믿는다.

허나, 다른 한편으로 우리는 하느님을 무소부재無所不在하신 분으로 믿는다. 특정한 시간과 공간 속에 계신 분이 아니라는 뜻이다. 하느님의 편재성遍在性을 말한다. 무소부재無所不在하신 하느님이라는 표상은 하느님을 특정한 시간이나 공간에 비끄러매는 것을 허용하지 않으며, 하느님을 특정한 인간의 모습을 지닌 분으로 이해하는 신인동형론anthropomorphism 또한 허용하지 않는다. 특정한 시간과 공간의 제약이나, 인연과에 매이지 않으면서 존재하시는 분이라는 뜻이다. 무소부재적인 하느님의 존재양식을 유영모는 '없이 계신 분

'이라고 했다. 하느님은 존재하시지만, 우리가 일반적으로 생각하는 그러한 방식이 아닌 다른 방식으로 존재하신다는 말이다.

그렇다면 '태초에 그 로고스가 있었다'는 말은 어떤 의미로 해석해야 하는가? 통속적인 존재 이해로 받아들여야 하는가? 그 로고스가 천상의 보좌에 영원토록 좌정하고 계셨다는 뜻인가? 천상天上의 하늘보좌에 계시다가 기원전 4년에 지상地上으로 내려와 예수의 몸으로 장소를 이동했다는 말인가? 그것을 일컬어 도성육신 incarnation이라고 하는가? 그 로고스가 계셨던 곳은 팔레스타인의 나사렛 예수의 공생애public life 기간뿐이었고, 지구촌의 다른 곳에서는 그 로고스가 부재중이었다는 말인가? 만약 그렇게 이해한다면, 이른바 무소부재無所不在한 하느님 또는 로고스의 존재는 있을 수 없을 것이다. 만약 그렇게 받아들인다면, 역사적 예수는 나사렛 청년의 육sarks을 걸치고 3년 동안 지상에 머물러 있던 로고스, 곧 하느님으로 이해될 것이다. 이를 신학적으로 무어라고 하나? 가현론 Doketismus이라고 한다. 사도정통교회 전통에 의해서 이단異端으로 규정된 영지주의靈智主義가 이해했던 하느님 현현顯現의 한 방식이다. 영지주의 구원신화에서 하느님의 아들 예수는 순수한 영적 존재로 이해되었다. 하늘의 세계에서 있던 영이 잠시 동안 이 세상에 나들이 와서 나사렛 청년의 육신肉身을 빌려 머물렀다가 다시 하늘 본향으로 돌아간 사건을 일컬어 영지주의에서는 가현론假顯論이라 한다.

'… 로고스가 있었다'는 말은 '엔 아르케'와 함께 읽어야 한다. 로고스의 존재는 우주만물의 생성 이전의 사건이라는 것이다. 로고스는 시공의 제약과 인연과율因緣果律에 매인 피조물과 같은 하나의 피조물(존재자)이 아니라는 것이다. 로고스가 창조되기 이전부터 존재했다는 의미에서 태초에 로고스가 있었다고 복음서 저자는 말한다. 그것은 그 로고스가 일개의 피조물이 아니라는 선언이다. 시공의 제약을 넘어 편재遍在하는 그 로고스의 속성을 말하고 있다. 그 로고스는 일정한 시간과 장소에만 계신 분이 아니다. 시공을 초월한 계시지 않은 곳이 없는 편재자遍在者이다.

그 로고스는 마치 동양사상에서 도道가 갖는 기능과 같다. 도덕경 25장에 보면, 사람은 땅의 순리에 따르고(人法地), 땅은 하늘의 순리를 따르고(地法天), 하늘은 도의 순리를 따른다(天法道). 도는 스스로 그러함의 순리를 따른다(道法自然). 해와 달이 운행하고, 사시사철이 교대로 바뀌는 것은 모두 스스로 그러함의 순리에 따른 것이지, 결코 인간의 의지나 타율他律에 의해서 그렇게 되는 것이 아니다. 사람이 본받아야 할 하늘과 땅은, 결국 스스로 그러함의 순리에 따라 운행되고 있다는 것이다. 천지인天地人 코스모스의 운행원리가 다름 아닌 도道로 표현되고 있음을 알 수 있다.

이와 같이 그 로고스는 우주만물 속에서 활동하고 계신다. 허나, 편재하는 그 로고스는 나사렛 예수라는 한 인간의 삶과 가르침에서 가장 오롯이 드러났다는 것을 복음서저자는 도성육신道成肉身 사상에서 말하려고 하지 아니 했을까? 그러면 그 로고스는 하느님과 어떤 관계에 있었는가? 이를 설명하기 위해서 저자는 말한다. "그 로고스가 하느님과 함께 계셨으니 *kai ho logos en pros ton theon*, 그 말씀은 곧 하느님이었습니다 *kai theos en ho logos*." (요1:1)

유대교 유일신 신앙 monotheism 전통에 따르면, 하느님은 오로지 한 분뿐이다. 그렇다면, 그 로고스를 어디에 자리매김해야 할 것인가? 피조물과 창조주 사이를 중재仲裁하는 피조물의 하나로 볼 것인가? 아니면 피조물의 하나가 아니라, 하느님 자신에게서 출생한 그의 본질이 출현한 하느님으로 보아야 하는가?

창조론과 생성론

동방사상에서는 창조創造라는 개념이 생소하다. 그 대신 생성生成이라는 개념이 자주 등장한다. 도는 우주만물의 터전 ground of all beings이며, 그리스도교에서 하느님에 비견할 수 있는 우주만물을 가능하게 하는 궁극적 실재 ultimate reality이기도 하다. 또한 도는 상대적인 유무有無의 세계를 포괄한다. 그리스도교 창조주 신앙에 따르면, 창조주와 그에 의해서 지은 바 된 피조물 사이에는 질적質的인 차이가 있고, 양자兩者 사이에는 날카롭게 구별된다. 하느님은 피조물 위에 초월자超越者로 군림한다.

동방사상에서는 오직 도道의 낳음(生)을 말한다. 도덕경 제42장에서는 도道를 우주만물의 생성원리로 설명한다. "도는 '하나'를 낳고,

하나는 '둘'을 낳고, 둘은 '셋'을 낳고, 셋은 만물을 낳는다."(道生一, 一生二, 二生三, 三生萬物) 도덕경에서 하나는 모든 존재의 근원이요 그것을 가능케 하는 힘인 '도의 아들'이다. 절대적인 비존재로서의 도에서 모든 존재의 시초인 하나가 나왔다. 비존재와 존재가 해후하는 경계자리에서 하나인 도(의 아들)가 생성된다. 도가 무극에 해당한다면, '그 하나'는 태극에 해당된다. '그 하나'에서 둘(음과 양)이 나왔고, 둘에서 셋이 나왔고, 셋(음과 양이 조화)에서 만물이 생겨났다.(유영모는 3을 태극으로 설명하고, 태극에서 만물이 나왔음을 보았다.) 우주만물은 '그 하나'를 통해 생성되었고, 그런 뜻에서 생성된 것 가운데 어느 하나도 그로 말미암지 않은 것이 없다고 말할 수 있다.

도道에서 하나를 낳고, 하나에서 만물이 생겨난다는 것은, 의지나 뜻에 의해서가 아니라 '스스로 그러함自然'의 순리에 따라 되는 것이다. 도道의 역할은 생명을 낳고 기르는 양생양육養生養育이다. 요한복음 저자는 도道와 비슷한 그 로고스의 역할을 말한다. "만물이 그로 말미암아 지은 바 되었으니, 지은 것 중에 어느 하나도 그가 없이 된 것이 없다."(요1:3) 로고스에 의한 우주만물의 양생양육養生養育을 말하고 있다. 그 로고스는 이와 같이 하느님의 창조사역에 참여한 분이기 때문에, 요한복음 저자는 그 로고스를 하느님이라고 말한다.

그 로고스는 하느님과 인간 사이의 중간 존재로 태어난 것이 아니라, 하느님으로부터 낳은 그 분의 분신分身과 같은 존재이다. 그 로고스는 곧 도생일道生一에 비유됨을 알 수 있다. 그리스도교에 따르

면 코스모스와 만물은 하느님에 의해서 지음 받았다.(creatus) 여기에
서는 창조주와 피조물, 하느님과 천지만물 사이의 질적質的 차이성이
강조되고 있으며, 창조주 하느님은 피조물에 의한 찬양과 감사의 대
상으로 된다.

도덕경에 따르면 어떤가? 천지만물은 도道에 의해서 생겨났다.
(generatus) 여기에서는 형이상학적인 도道와 우주만물 사이의 연속성
과 내재성이 강조된다. 여기에서 도는 깨달음과 실천의 길이고, 도와
우주만물은 천지동근天地同根과 동체대비同體大悲의 관계로 이해된
다. 곧 도와 만물은 반야경의 언어로 표현하면 '색불이공공불이색色
不而空空不而色'의 관계이며 '색즉시공공즉시색色卽是空空卽是色'의 관계
를 이룬다. 현상은 본질 이외에 다른 것이 아니며, 본질은 현상 이외
에 다른 것이 아니다. 현상은 본질의 드러남이며 본질은 현상의 내재
화이다. 그리스도교 사상에서는 '자연의 역사화'가 강조되고 있다면,
동양사상에서는 '역사의 자연화'가 강조된다고 볼 수 있을 것이다.
허나 우리의 일상생활 속에서 자연과 역사 또는 본질과 현상은 대립
이 아닌 조화와 상호보완의 관계로 존재하며, 둘이 아닌 불이不二의
관계로 존재함을 알 수 있다.

2

이성logos과 신화mythos 사이에서

로고스 찬가

요한복음의 서문에 해당하는 1장 1-18절을 "로고스 찬가Logos Hymnus"라고 한다. '말씀'으로 번역된 '로고스'가 주제로 다루어지고 있기 때문이다. 흥미로운 것은 이 로고스가 다른 곳에서는 찾아볼 수 없고 오직 이 복음서의 서문에만 등장한다는 점이다. "로고스 찬가"는 요한복음 전체의 신학을 이해하는데 중요한 열쇠가 된다. 로고스는 창조의 매개자요, 구원의 매개자이며, 동시에 육이 되신 분이라는 것이 그 골자이다.

예수가 태어나기 400년 전 그리스 아테네에 플라톤이라는 철학자가 살았다. 그리스 신화에서 볼 수 있듯이, 당시 아테네 시민들의 의식은 신들과 영웅들의 이야기인 신화들에 의해서 주도되었다. 호머Homer의 작품들인 『오디세이*Odyssey*』와 『일리아드*Iliad*』에 등장하는 신과 영웅들의 이야기는 그 시대 그리스인들의 정신풍토를 잘 반영해주고 있다.

그리스 사회에는 신화에 등장하는 신들을 흉내 내거나, 아니면 마치 자기가 신이나 된 것처럼 행동하고 예언하는 무리들이 적지 않았다. 이들의 행동은 아테네 시민들의 건전한 시민의식을 마비시켰을 뿐만 아니라, 그 사회를 분열시켰다. 이러한 아테네 시민사회의 아노미anomy 현상을 플라톤은 신화의 가치나 전통들이 사회를 지배하고 있기 때문이라고 진단했다. 신화가 지배하게 될 때 그 사회는 이성과 합리성을 잃게 되고, 혼돈과 무질서에 빠져들게 된다는 것이다. 플라톤이 꿈꾸었던 이상적인 사회는 무엇이었는가? 로고스logos에 의해서 뮤토스mythos가 통제되는 사회였다. 이성에 의해서 신화가 통제되어야 그 사회가 질서를 회복하고 건강하게 된다는 것이다. 그런 의미에서 플라톤은 다름 아닌 이성적 사고를 중시하는 철학자가 정치를 해야 된다고 역설했던 것이다.

이러한 플라톤의 로고스 사상은 요한복음의 로고스 그리스도론 형성에 적지 않은 영향을 끼친 것으로 보인다. 예수보다 20년 정도 앞서 출생한 디아스포라 출신 철학자인 알렉산드리아의 필로Philo는 히브리 사상을 희랍사람들에게 번역하고 소개하는 일을 필생의 과업으로 삼았다. 그는 히브리 성서를 그리스어로 번역하여 소개하는 과정에서 하느님의 창조사역에 참여했던 호크마, 곧 소피아sophia에 상응하는 개념으로 그리스어의 로고스logos를 채택하였다. 요한복음 저자는 플라톤과 필로로 이어지는 그리스사상의 보편적 개념인 로고스를 나사렛 예수가 하느님의 아들 그리스도임을 증명하는 하나의 방편으로 사용하였다.

'로고스 *logos*'는 원래 '말하다'를 뜻하는 희랍어 동사형인 '레게 인 *legein*'의 명사형이다. 인간이 동물과 구별되는 점은 어디에서 발견되는가? 말을 한다는 점에서다. 말은 무엇인가? 일종의 소통 communication 도구이다. 내 생각을 상대방에게 전달하고 상대방의 생각을 내가 들을 때 말이 필요하다. 생각하는 바가 서로 소통이 되려면, 말이 이성적이고 합리적이어야 한다. 말씀(로고스)은 곧 이성이고 합리성이다. 요한복음 저자는 그들이 믿고 따르는 나사렛 예수가 바로 이 로고스의 화신化身이라고 선포하였다. 우리가 신앙하는 나사렛 예수가 다름 아닌 육이 된 로고스인데, 그분은 하느님의 창조 사역에 동참하신 분이며 그를 믿는 자에게 하느님의 자녀가 되는 특권을 부여하신 분이라는 것이다.

요한복음과 영지주의

요한복음이 최종적으로 편집된 시기는 언제인가? 기원후 100년경이다. 영지주의가 기독교 안에서 세력을 뻗어가던 시기였다. 영지주의자들에게 하느님의 아들 예수는 육이 아니라 순수 영적인 존재였다. 하느님의 아들은 순수한 영적 존재이기 때문에 몸을 가질 수 없다는 것이 그들의 생각이었다. 인간의 모든 희노애구애오욕喜怒哀懼愛惡欲은 바로 몸을 가졌기 때문에 생기게 된다. 몸이 없다면, 인간은 고통을 당할 수 없고 죽을 수도 없을 것이다. 예수의 고난과 십자가 사건도 그들에게는 실제로 일어난 사건이 아니라, 단지 '~처럼' 보였을 뿐인 가현사건假顯事件에 불과했다. 영지주의자들은 인간으로 오신 하느님의 아들을 거부하고, 예수사건을 몸이 없는 순수 영의 세계에서 일어난 일종의 신화神話로 만들어버렸다.

예수사건의 신화화 작업은 기독교 신앙의 정체성을 위협했을 뿐만 아니라, 공동체의 분열을 부추겼다. 이러한 위기에 직면하여 요한 교회공동체는 영지주의자들의 주장에 대항하여 사활을 건 싸움을 하지 않으면 안 되었다. 요한복음 서문의 "로고스 그리스도론"은 바로 이런 위기상황에서 나오게 된 중요한 신학선언이다.

요한복음 1장 14절에서는 "말씀이 육이 되어 우리 가운데 살았다 *kai ho logos sarks egeneto kai eskenosen en hemin*"고 선언한다. '에게네토'는 '기노마이*ginomai*'의 단순과거 완료형인데, 독일어의 'werden,' 영어의 'become' 또는 'come into being'에 해당한다. 하느님의 아들 예수사건은 단지 "−처럼 보인" 허깨비 사건이 아니라, 실제로 우리 가운데 일어난 몸 사건이며 역사적 사건이라는 것이다. **"태초부터 있는 생명의 말씀(*logos tes zoes*)에 관하여는 우리가 귀로 들은 바요. (눈으로) 본 바요. 주목하고 우리 손으로 만진 바라."**(요일1:1) 예수사건은 신화가 아니라, 로고스가 육이 되어서 우리 가운데 살았던 사건이요, 우리가 직접 눈으로 보고 귀로 듣고 손으로 만진 사건이라는 선언이다. 예수사건은 몸 사건이요 이성 사건이라는 것이다. 요한복음 저자는 기독교 신앙에 있어서 로고스*logos*가 뮈토스*mythos* 위에 있어야 하고, 이성理性이 신화神話를 통제해야 한다고 보았다. 예수사건을 이성으로 깨닫고, 이성으로 믿고 이성으로 따를 때, 신앙이 바르게 설수 있다는 것이다. 기독교는 발이 허공에 떠 있어서는 안 되고, 발을 땅에 딛고 서서, 머리를 하늘로 향하는 성육신incarnation사건에 근거해야 한다는 것이다. 영지주의자들이 땅과 무관한 하늘 이야기를 하고 있다면, 요한교회는 땅에 묻힌 하늘, 땅이 된 하늘 이야기를 한다. 땅과 하늘은 하나가 아니지만, 그렇다고 둘도 아님을 증언하는 것이 성육신 신앙의 골자이다.

요한일서를 기록한 장로 요한은 예수사건을 신화로 만든 영지주의자들을 향하여 적敵그리스도라고 비난한다: "하느님의 영은 이것으로 알지니 곧 예수 그리스도께서 육체로 오신 것을 시인하는 영마다 하느님께 속한 것이요. 예수를 시인하지 아니하는 영마다 하느님께 속한 것이 아니니. 이것이 곧 적그리스도의 영이니라 …"(요일4:2-3) 하느님께 속한 영인지 아닌지를 분별할 수 있는 잣대로 무엇이 제시되고 있는가? 예수가 육체로 온 것을 시인하는가, 그렇지 아니한가에 달려있다는 것이다.

"내 마음이 네 마음이다"(吾心卽汝心)

예수사건을 신화가 아니라 '역사적 이성'으로 파악한 요한교회의 성육신 사상은, 동학사상에서도 이와 유사한 형태가 발견된다. 동학은 수운 최제우에 의해서 시작된다. 그는 1824년 경주에서 몰락한 유학자 최옥의 아들로 태어나 어릴 적부터 유교를 체계적으로 학습하였다. 17세에 부친을 여읜 수운은 19세에 울산 박씨와 결혼하였는데, 이듬해 집에 불이 나서 가세가 기울게 되자 20세쯤 집을 떠나 14년간 조선팔도를 주유周遊한다. 그 후 떠돌이 생활을 접고 고향인 경주 용담으로 돌아와 오두막집에서 칩거하며 도道를 닦는데 전념하게 된다. 그런데 어느 날 수운이 기도하던 중 갑자기 몸이 떨리고 이상한 소리가 들리는 것이 아닌가! 그가 마음을 가다듬고 "넌 누구냐"하고 물었다. 하늘에서 소리가 들렸다. **"내 마음이 곧 너의 마음이라. 인간들이 이것을 어찌 알겠느냐"**(吾心卽汝心 人何知之). 내 마음이 곧 네 마음이요, 하늘님의 마음과 사람의 마음이 다르지 않다는 것을 깨친 순간 수운은 득도得道하게 된다. 그의 나이 36세 되던 해인 1860년 4월5일에 생긴 일이다. 이러한 수운의 자기 존재에 대한 새로운 깨달음은 예수의 수세受洗장면을 연상시킨다. 나이 30세쯤 되었을 때 예수는 뜻한 바가 있어 출가出家한다. 그는 요르단강가의 유대 광야에서 회개운동을 벌이고 있는 요한을 찾아가 세례를 받는다. 세례를 받고 물에 올라올 때, 예수는 하늘이 열리는 환상을 보고 성령이 비둘기 모양으로 자기 위에 임하는 것을 본다. 그리고 예수는 천어天語를 듣는다. **"너는 내 사랑하는 아들이요, 내가 기뻐하는 자이다."**(막1:9-11) 동학의 지평에서 해석한다면 예수의 자기존재에 대한 새로운 깨달음(得道) 장면이라 할 수 있지 않을까? 수운의 득도이든 예수의 자기 자신에 대한 존귀함의 각성이든, 자기존재에 대한 새로운 깨달음이 예수운동이나 동학운동의 출발점이 되고 있음이 분명하다. 자기존재에 대한 새로운 깨달음은 다른 것이 아니다. 하느님과 인간, 하늘과 땅은 결코 '둘이 아니다'(不二)라는 것이다. 서로 소통communication하여 하나hen를 형성하고 있는 관계적 존재임을 깨닫는 것이다.

하늘과 땅, 하늘님과 사람이 따로 있는 것이 아니라, 서로 어울려 소통communication하는 존재라는 깨달음에서 동학이 시작된 것이다. 1년이라는 칩거기간을 거쳐 수운은 자신의 득도체험을 사람들에게 포교하기 시작하였다. 많은 사람이 그에게 몰려들어 제자가 되려고 했다. 그 중에는 용담골 건너 마을 검등골에 사는 최경상1827~1898이라는 일자 무식쟁이가 있었다. 그가 후에 동학의 제2대 교조가 된 해월 최시형이다. 바울의 생업이 텐트를 만드는 '텐트 메이커tent-maker'였다면, 해월의 생업은 멍석을 짜는 사람strawmat-maker이었다. 바울이 텐트수선을 생업으로 삼았다면, 해월은 새끼를 꼬아 멍석 만드는 일을 생업으로 삼았다. 체포령이 내리자 해월은 관군을 피하여 전국을 돌아다니며 접주接主조직을 만들어 나갔다. 기독교의 선교 시각에서 보면, 전국 조직망을 갖춘 지역교회를 설립해나갔던 것이다. 그는 항상 새끼 꼬는 일을 손에서 놓지 않았는데, 꿀 새끼가 없으면 이미 꼬았던 새끼를 다시 풀어서 꼬았다. 이를 본 제자들이 왜 그러느냐고 물으면, "하늘님은 쉬는 법이 없는데(至誠無息-『중용』), 내가 어찌 쉬겠는가"라고 대답하였다. 노동하시는 하느님 사상은 요한복음에도 등장한다. 예수께서 38년 동안 중풍병 앓고 있는 사람을 고쳤다. 이 소문을 들은 유대인 지도자들이 안식일에 병 고친 것을 가지고 트집 잡자 예수께서 말한다. "내 아버지께서 이제까지 일하시니, 나도 일한다."(요5:17) 해월의 노동하시는 하느님 사상은 요한복음이 전하는 예수의 노동하시는 하느님 사상의 한국적 토착화土着化라고 볼 수 있지 않을까?

수운의 설법을 듣고 그의 제자가 된 사람 중 수련하면서 21자 주문(至氣今至 願爲大降 侍天主 造化定 永世不忘 萬事知)을 외우는 가운데 '하늘의 소리'(天語), 곧 방언을 받는 사람이 적지 않았다. 입신의 경지에 들어서 방언을 하며 천어를 들었다고 하는 제자들은 이를 자랑하고 다녔다. 해월도 천어를 들어보려고 애를 썼다. 그러나 허사였다. 그는 스승을 찾아가 물었다. "어떻게 해야 천어를 들을 수 있습니까?" "두문불출하고 한 자리에 앉아 수심정기守心正氣하여 주문을 계속 외워보게." 수운의 대답이었다.

많은 무리가 모여들자 예수께서 자리를 피하셨듯이, 소문을 듣고 전국각지에서 사람들이 몰려들자 수운은 아무도 모르게 몸을 피하였다. 그는 전라도 남원 근처 교룡산성의 선국사善國寺라는 절로 피신하여, 은적암(밀덕암)이라는 암자를 빌려 그곳에서 5개월 동안 피신생활을 했다. 동경대전이 이 때 쓰인 작품이다. 수운이 잠적한 후 해월은 천어를 듣기 위해 화전리 산꼭대기에 앉아서 한겨울 두어 달동안 거적을 쳐놓고 밤낮없이 수련정진하며 21자 주문을 열심히 외웠다. 그러나 헛일이었다. 도대체 그 어떠한 천어도 들리지 않았다. 동짓달 한 밤중이었다. 답답한 나머지 해월은 얼음을 깨고, 발가벗고 개울에 풍덩 뛰어들었다. 그런데 그 순간 하늘에서 한 소리가 들리는 것이 아닌가! "찬물에 급히 뛰어들면 몸에 해로우니라." 해월이 들은 천어는 무엇인가? 결코 기적이나 환상의 언어가 아니다. 찬물에 들어가면 몸에 해롭다! 지극히 이성적이요 상식적이며 일상적인 세계에서 듣는 언어이다. 천어天語는 일상과 분리된 언어가 아님을 동학은 우리에게 깨우쳐 준다.

　그 이듬해 봄이 되자, 전라도 남원으로 몸을 피했던 수운은 아무도 몰래 경주로 돌아와 곽대오라는 접주接主 집에 머물고 있었다. 스승을 생각하는 마음이 극진했던 해월이 어느 날 우연히 그 집에 가고 싶은 마음이 생겼다. 그곳에 갔더니 뜻밖에 스승이 계신 것이 아닌가. 절을 올린 다음 자리에 앉자마자 수운이 그에게 물었다. "그래, 자네는 그동안 하늘님의 소리를 들었는가?" "예, 듣긴 들은 것 같은데, 잘 모르겠습니다. '찬물에 들어가면 몸에 해롭다'는 소리를 들었습니다." "언제쯤인가?" "동짓달 어느 날입니다." "몇 시쯤이었는가?" "새벽 한시쯤이었습니다." 그 말을 듣자 수운은 가만히 생각해보다가 무릎을 탁 치며, "옳다. 내가 그날 그 시에 그 말을 했느니라. 추운 겨울 한 밤중에 도인道人들이 수련한답시고 밖에서 찬물 끼얹는 소리가 들리기에 문을 열고 큰 소리로 '급히 찬물을 끼얹으면 몸에 해로우니라'(『동경대전』「修德文」) 하고 외쳤다. 그때 그 소리를 네가 들었구나." 수심정기守心正氣하면, 곧 마음을 지극히 가다듬고 기운을 바르게 하면, 시공을 초월하여 마음과 마음이 서로 통하게 된다는 것이다. 시공을 초월해 작용하는 이심전심以心傳心이라고나 할까. 그리하여 수운의 소리가 해월에게까지 들린 것이다.

　해월이 들었다는 하늘의 소리는 무엇인가? '갑작스레 찬물에 들어가면 몸에 해롭다.'는 것이다. 해월은 특수한 신비체험 속에서 천어(방언)를 들은 것이 아니라, 일상적인 삶 속에서 하늘의 소리를 들었던 것이다. 그에게는 내면에서 들려오는 이성적이고 상식적인 소리와 하늘의 소리가 결코 둘이 아니었다. 해월의 이러한 이성적이고 상식적인 하느님 체험은 세상만물이 하늘을 모시고 있으니 서로를 하늘님처럼 섬겨야한다는 사인여천事人如天 사상이나, 우리 안에 모시고 있는 하늘을 배양하여 길러야 한다는 양천주養天主 사상에 이르러 더욱 확대된다. 모든 식물에 하늘이 스며들어있으니 식사食事는 곧 하늘이 하늘을 먹는 이천식천以天食天 사건이 아닐 수 없다. 그런 의미에서 모든 식사는 성찬제의聖餐祭儀가 되어야 한다고 그는 생각했다. 해월의 이러한 이성적인 하늘님 체험은 '경천敬天–경인敬人–경물敬物'로 이어지는 '삼경사상'으로 발전하여 동학의 역동적인 생태실천윤리로 자리를 잡아간다. 해월에게서 성聖과 속俗은 단절된 세계가 아니라, 서로 소통된다. 성聖 속에 속俗이 있고, 속俗 가운데 성聖이 있다(Oneness of cosmic life). 성聖 속에서 속俗을 만나고, 속俗 가운데서 성聖을 만난다. 우주 만물을 제외한 그 어느 곳에서도 하늘님을 만날 수 없다. 이러한 성속불이聖俗不二요, 천지불이天地不二 사상을 해월에게서 우리는 만나게 된다.

요한교회공동체는 영지주의자들처럼 예수 그리스도가 무엇이고 어떤 존재인가에 대해 관심을 갖지 않았다. 요한에게 하느님의 아들 예수는 영적 지식의 대상이 아니라 실천론적 물음의 대상이었다. 예수를 믿고 따른다는 것이 오늘 나에게 도대체 어떤 의미를 지니고 있는가, 그리스도인으로서 어떻게 살 것인가를 요한은 묻는다. 해월에게도 마찬가지다. 하늘이 무엇이고 하늘이 어떤 존재인가에 대해서는 관심이 없다. 내 안에 있는 하느님을 모시고 기르며 산다는 것이 과연 나에게 어떤 의미를 지니며 어떻게 살아야 하는가를 묻는다.

요한교회공동체가 역사적 이성인 예수에게서 하느님을 체험하고 있다면, 해월은 일상세계와 우주적 이성 속에서 하늘님을 체험하고 있다. 하느님께서 인간이 되셨다는 요한복음의 성육신incarnation 사상이 해월의 삼경사상에서 우주 만물로 확장되고 있음을 볼 수 있다. 요한공동체에서는 로고스와 사르크스가 둘이 아니며, 말씀과 육이 둘이 아니다. 동학에서는 하늘마음과 사람마음이 둘이 아니며, 성과 속, 남과 북이 둘이 아니다. 일체의 이분법을 넘어서 존재하는 모든 것은 둘이 아니라는 깨달음, 서로 소통하는 관계로 존재한다는 깨달음이 도성육신道成肉身 사상이요 삼경三敬 사상이다.

신앙과 이성

이성이나 과학과 마찬가지로 신화는, 고대인이 자기가 살고 있는 세계를 이해하는 하나의 방식이라 볼 수 있을 것이다. 따라서 신화는 어떤 시각에서 보느냐에 따라 다양한 해석이 가능할 것이다. 근대과학적인 시각에서 본다면, 신화는 인간의 이성이나 지적 능력the intellect을 마비시키고, 교육을 통해서가 아니라 마술이나 주술을 통해서 인간의 삶을 이해하려고 한다.

우리는 복음서를 읽으면서 신화를 문자 그대로 받아들일 수도 없고, 또한 그것을 제거할 수도 없는 것이 현실이다. 신화가 부정되어서

도 안 되지만, 그렇다고 해서 신앙에서 신화가 주도적인dominant 역할을 해서도 안 된다. 신앙은 신화가 아니라 이성에 의해서 주도되어야한다. 물론 신앙생활에서 이성이 모든 문제의 해결책은 될 수 없을것이다. 그럼에도 불구하고 이성을 배제시킨 신앙은 맹목으로 흐를수 있다. 믿는 자에겐 능치 못함이 없다고 성서에 기록되어 있기 때문에, 믿기만 하면 물위를 걷고, 1 더하기 1은 100이 되고 1000이 된다는 식의 허황된 환상을 심어주는 허구적인 신화신앙은 경계되어야할 것이다. 1 더하기 1은 2라는 상식적이고 이성적인 신앙이 근본바탕이 되고, 그 위에 신화적인 신앙도 부정되지 않아야 한다. 이성에 의해서 신앙(신화)이 통제되어야 복음의 건강성을 회복할 수 있다.

교회가 바로 서기 위해서는 신학교육이 바로 서야 한다. 신학은 이성이다. 오늘날 한국교회에서 몰沒이성적이고 반反이성적인 신화적 신앙이 판치는 것은 잘못된 신학교육의 책임이 크다. 신학이 신앙(신화)을 통제하지 못하면 결국 신앙은 맹목적이 되고 공동체를 분열시킨다.

독일 신학자 불트만은 복음의 탈신화화Entmythologisierung를 주창하였다. 복음에서 신화는 부정될 수는 없지만, 이성에 의해서 절제되고 이해되어야 한다는 뜻에서다. 그에 따르면 현대인이 과학적 세계관을 가지고 살아가고 있다면, 고대인은 신화적 세계관 속에서 살았다. 신화적 세계관을 담고 있는 성서는 과학적 세계관의 세례를받은 현대인이 이해하기에는 부적절함을 그는 간파했다. 성서에서신화적인 내용을 제거함으로써 복음(케리그마)의 본질에 도달할 수 있다고 그는 생각했다. 불트만은 이러한 작업의 일환으로 복음서 신화의 실존적 해석을 시도함으로써 케리그마의 본질을 회복하려고 했다. 어떤 사회나 공동체이든지 신화가 이성 위에 군림하게 될 때 파국으로 치닫게 마련이다. 불트만은 독일교회의 비이성적인 신앙이 나치의 신화를 가능하게 했고, 나치의 신화는 독일뿐 아니라 유럽세계 전체를 재앙으로 몰아넣었던 사실에 대하여 신학적으로 깊이 반성하는 가운데 복음의 탈신화화를 주창했던 것이다. 영지주의자들은 방언이나 신비체험을 강조하면서 하느님이나 예수를 영의 세계 속에서 영적으로 체험했다. 요한교회공동체는 일상 속에서 보고 듣고 만져본 나사렛 청년 예수에게서 하늘의 소리를 듣고 하느님을 만났던 것이다. 요한교회공동체는 예수를 신화로서가 아니라 이성으로 만났다. (바울 역시 공동체에 덕을 세우는 것은 방언이 아니라 이성이라고 말했다. 고전14:19 참조)

오늘날 한국교회의 위기상황은 어디에서 유래하는가? 신앙이 이성을 상실하고 신화로 되어가는 데서 찾을 수 있다. 복음이 복 비는 신화로 변질되고, "오직 예수만"을 외치면 안 될 일도 된다는 식의 무속신앙巫俗信仰이 강조되는데서 찾을 수 있다. 목사들은 대체로 자기의 말과 행동을 예수와 동일시하며 예수에게 순종하듯이 자기에게 순종하도록 강요하면서 신도들을 신화의 세계에 머물도록 만든다. 몰이성적이고 비합리적인 신앙을 강조하는 교회일수록 속된 말로 장사가 잘되는 것이 오늘날 한국교회의 병든 현실이 아닌가! 이성적 신앙의 회복을 통하여 치유와 상생의 교회공동체를 이루어가야 할 것이다.

3

'그 로고스'와 불연기연不然其然

1-2절, 어떻게 해석할 것인가

> 1절: 태초에 '그 로고스'가 있었다.
> *en arche en ho Logos*
>
> 그리고 '그 로고스'는 하느님과 함께 있었다.
> *kai ho Logos en pros ton theon*
>
> 2절: 그리고 '그 로고스'는 하느님이었으니,
> *kai theos ho Logos,*
>
> 그는 태초부터 하느님과 함께 있었음이다.
> *houtos en en arche pros ton theon*

하느님과 '그 로고스'와의 관계에 대해 서술하고 있는 본문은 일종의 장엄한 분위기를 연출한다. '엔 아르케'는 모든 피조물이 창조되기 이전의 시간, 곧 천지창조 이전의 때를 지시한다. "태초에 '그 로고스'가 있었다." 무슨 말인가? '그 로고스'의 유래에 대한 서술이다. '그 로고스'는 창조된 피조물*ektisthe*도 아니고, 그렇다고 해서 우연히 생겨난 것*egeneto*도 아니라는 뜻이다. '그 로고스'는 시공을 초월하여 스스로 그러하게 '있었다_en_'는 것이다. 태초부터 있는 '그 로고스'는 스스로 그러한 자연성自然性과 자존성自存性을 지칭하고 있는 개념이다. '그 로고스'는 '지어진 존재 이전의 존재,' 존재의 근거를 자기 자신 안에 갖고 있는 스스로 그러한 존재이다. '그 로고스'는 하느님과 함께 있었다고 한다. '그 로고스'는 홀로 계신 독존자獨存者가 아니라, 태초부터 하느님과 더불어 공존共存했다는 것이다.

'그 로고스'는 무엇을 뜻하는가? 아마도 요한교회 공동체에서 그것은 더 이상 설명을 필요로 하지 않은 널리 알려진 개념이었던 것 같다. 본문에는 '그 로고스'가 무엇을 뜻하는지 알 수 없지만, 하여튼 그것에 대한 절대긍정 사상이 전제되어 있다. 1-2절에서는 '그 로고스'의 세 가지 특성에 대해 말한다. '그 로고스'는 태초부터 스스로 그러하게 계시는 자존자이며, 홀로 계시는 분이 아니라, 하느님과 함께 계시는 공존자이기도 하다. 그는 하느님의 성품을 지닌 분이며, 그런 면에서 하느님이다. '그 로고스'와 하느님은 하나가 아니면서 동시에 하나인 관계적 존재를 이루고 있음을 본문에서는 암시하고 있다.

"'그 로고스'는 태초부터 하느님과 함께 있었다고 한다." 2절은 1절을 부연 설명하고 있다. '그 로고스'가 하느님이지만, 태초부터 하느님과 함께 계신 분이라고 한다. 2절에서는 '그 로고스'와 하느님 사이의 차이를 분명히 밝히고 있다. 여기에서 주의할 사항이 있다. 2절에서 하느님으로 번역된 '테오스_theos_'는 명사가 아니라 서술형용사라는 점이다. 그리스어 문법상 "'그 로고스'는 신의 성품을 지니고 계시다" 또는 "'그 로고스'는 신성神性을 지녔다" 정도로 번역되는 것이 아마도 더 적절할 것이다. '그 로고스'는 신의 성품을 지녔지만, 동시에 신과 함께(pros) 있었다. 무슨 말인가? '그 로고스'는 신이지만 신이 아니라는 것이다. A는 A이면서, 비非A라는 것이다. 이러한 요한복음의 선언은 서구 논리학의 법칙에 익숙한 사람들에게는 생소할 것이다. 이는 논리학의 기본규율인 동일률law of identity에 어긋나기 때문이다.

동학과 불연기연

동학의 창시자 최제우는 『동경대전』에서 모든 사물의 존재를 이해하는 방식의 하나로 불연기연不然其然을 말하였다. 그러함과 그렇지 아니함, '앎'과 '무지,' 본질과 현상, 부정적인 면과 긍정적인 면, 어두운 면과 밝은 면, 부지不知의 면과 기지旣知의 면, 단절성斷絶性과 연속성連續性이라는 서로 대립되는 두 면을 모든 사물은 지니고 있다는 것이다. 모든 사물의 본질 자체가 지니고 있는 이러한 역설적 구조paradoxical structure를 일컬어 최제우는 불연기연不然其然이라 불렀다. 불연기연은 마치 태극에 나오는 음陰과 양陽 문양紋樣과 같다. 태극의 음양 문양은 상호 대립적인 관계를 넘어 서로가 서로를 보완하여 하나의 온전한 전체를 이루고 있다.

다윈의 생물학적 진화론에 따르면, 사물의 겉으로 드러나 있는 현상세계에서는 조화보다는 대립과 투쟁이 주도적인 것처럼 보인다. 허나 근원으로 들어가면 사물들은 상호대립적인 관계를 넘어 상호보완적인 조화harmony를 지향하고 있음을 알 수 있다. 현상계의 모든 사물에는 '그렇지 아니함'(不然)과 '그러함'(其然)이 동시에 공재共在하고 있다.

수운은 우주만물의 현상과 그 현상의 근원이 되는 본질 문제를 기연其然과 불연不然으로 설명하고 있다. 우리가 오감五感을 통해 인식 가능한 이단자易斷者의 세계가 기연其然이라면, 인식 불가능한 난필자難必者의 세계는 불연不然이다. 이를 수운은 내가 어떻게 세상에 존재하게 되었는가를 예로 들어 설명한다. 나는 아버지가 낳고, 아버지는 할아버지가 낳고, … 이런 형식논리를 따르면서 기연其然을 설명하고 있다. 허나, 무한대로 소급해서 추적하다보면, 맨 처음 조상은 누가 낳았는가 하는 모호성의 문제에 부딪히게 된다. 이것이 불연不然의 문제이다. 기연其然이 만물이 드러나는 현상의 세계를 나타내고 있다면, 불연不然은 만물의 근원이 되고 있는 본질을 나타낸다. 불연不然과 기연其然은 한 사물이 지니고 있는 양면성兩面性을 말한다. 사물을 통체統體로 이해하기 위해서는 기연其然의 측면에만 매달릴 것이 아니라, 불연不然의 측면도 함께 탐구되어야 할 것이라는 점을 수운은 말한다.

존재와 사유

"기연으로 말미암아 살펴보면, 기연은 기연 같다. 불연을 찾아 사유해본다면, 불연은 불연이다. 왜 그런가? 由其然而看之, 則其然如其然, 探不然而思之, 則不然又不然, 何者, …"(『동경대전』, 윤석산 주해, p.171)

수운은 존재의 문제를 사유思惟, 곧 생각의 범주category로 이해한다. 사유가 그렇다고 하면, 그렇다고 할 수 있을 것 같고, 사유가 그렇지 않다고 하면, 그렇지 않은 것이라고 할 수 있을 것 같다는 것이다. 그에 따르면 존재는 사유의 문제요 생각의 문제이다. '그렇다'고 생각하면, 기연이 되고, '그렇지 않다'고 생각하면 불연이 된다. 수운은 존재를 설명하면서, 인간 의식意識의 이중성二重性을 말한다. 불연不然과 기연其然은 언어로는 정반대의 뜻을 담고 있지만, 존재차원으로 들어가면 하나로 모아진다는 것이다. 수운에게 있어서, 시천주侍天主 사상은 사람과 하느님을 둘로 나누어 보는 것이 아니면서, 둘은 동시에 다른 것임을 말하고 있다. 불연은 기연을 담고 있고, 기연은 불연을 담고 있다. 앎 속에 모름이 있고, 모름 속에도 앎이 스며들어 있다. 불연과 기연은 본질의 차원에서 존재의 단절이 아니라 상호소통을 강조한다.

이러한 불연기연不然其然의 사유는 우리를 판단중지 상태에 이르게 한다. 판단중지 상태에서 인간은 완전한 '모름'을 체험하게 된다. 소크라테스의 모름(無知)이 그것이다. 지知가 인간의 언어차원에서의 상대적인 앎을 지시하고 있다면, 무지無知는 상대지相對知의 세계를 넘어 절대지絶對知의 세계로 나아가는 인간사유의 출발점을 의미한다. 절대지絶對知의 세계는 인간의 사유로 들어가기는 불가능하기 때문에, 이를 다른 사람에게 전하기는 더더욱 어렵다. 절대지絶對知를 알기 위한 하나의 방편으로 수운은 불연기연不然其然을 말하고 있음을 볼 수 있다.

수운은 대체로 불연不然을 긍정하고 기연其然을 부정하는 편이다. 이러한 성향은 인간이 확실히 안다고 믿는 그것이 확실한 것이 아님을 다시 한 번 일깨우기 위한 역설逆說이다. 확실히 안다고 믿는 앎에 대해 의심해보라는 것이다. 큰 의심이 큰 깨달음으로 인도한다는 것이다. 모름을 앎으로써, 우리는 앎의 세계의 바탕을 이루고 있는 분리적 사고구조를 초월하여, 일체 존재의 하나됨의식(一者意識)을 체험하게 된다. 그러한 무지지지無知之知의 태도를 견지하다보면, 불연不然과 기연其然의 사이를 오가면서 무지無知와 구분하기 어려운 진지眞知의 세계에로 점점 다가가게 된다. 이와 같이 불연기연不然其然의 논리는, 드러난 가시적인 질서에 맹신하지 않으면서, 숨은 질서에 대한 여지를 남겨둔다. 코스모스와 카오스의 공존, 곧 카오스모스 *caosmos*의 논리가 다름 아닌 불연기연不然其然의 논리인 것이다. 이것은 인간의 작위에 틈을 주어 유기적 전체와 소통하려는 시도이며, 생명의 끊임없는 생성과 변화를 담아내려는 시도인 것이다.

즉비적 존재이해

물론 동학의 불연기연 사상은 금강경의 즉비사상卽非思想에도 유사성이 발견된다. 금강경의 사구게四句偈 중에 "약견제상비상즉견여래若見諸相非相卽見如來"가 있다. 모든 꼴(相)이 꼴(相) 아님을 보게 될 때, 진리(如來)를 보게 된다는 것이다. 꼴(相)은 즉卽의 세계요 기연의 세계를 지칭한다. 반면에 꼴 아님(非相)은 비非의 세계요 불연의 세계를 지칭한다. 모든 존재는 불연不然과 기연其然의 차원을 지니고 있듯이,

즉卽과 비非의 양면성을 지니고 있다. 존재에 대한 즉비적卽非的 이해는 동방사상의 특성을 형성한다.

이러한 동방의 즉비적卽非的 존재 이해는, 이른바 아리스토텔레스에서 유래한 서구의 존재이해 방식으로는 이해할 수 없다. 서구의 형식논리학에서는 존재를 동일률law of identity, 모순율law of contradiction, 배중률law of excluded middle의 범주로 나누어 이해한다. A는 A일뿐(동일률), A가 아닌 비非A일 수 없으며(모순율), A이면서 비非A일 수 없다(배중률)는 것이다. 이러한 서방인의 존재이해 방식 배후에는 존재를 각기 고립된 개체Individiuum로 보는 실체론substances적 세계관이 깔려 있음을 알 수 있다. 세계는 서로 다른 실체를 지닌 개체의 종합으로 구성되어 있다는 것이다.

그러나 동방의 즉비적卽非的 사고방식에 따르면 이미 살펴본 바와 같이 A는 A이며, 동시에 비非A일 수 있다. 이와 같은 즉비적卽非的 존재 이해의 배후에는 개체 존재를 상의상관相依相關된 것으로 보는 관계론적인 존재 이해가 깔려 있다. 이것은 모든 존재를 독립된 실체substances로 파악하는 서구의 존재 이해와 상당한 거리가 있음을 알 수 있다.

나는 요한복음의 서시序詩에서 동방의 즉비적卽非的 사고의 전형을 발견한다. 앞서 살펴 본 1b절과 2절의 해석에서 '호 로고스'는 하느님과 함께 계신 분(*pros ton theon*)이며, 동시에 하느님(*theos*)으로 소개되고 있다. 하나도 아니면서 둘도 아닌 관계, 그리고 하나이면서 둘인 관계가 호 로고스와 하느님의 관계이다. 하느님과 호 로고스는 독립된 실체나 개체individiuum가 아니라, 관계적 존재라는 것이다. 양자兩者는 즉비적卽非的 관계요 불연기연不然其然의 관계를 이루고 있음을 천명하고 있는 것이다.

제3부
동방인의 눈으로 읽는 요한복음

제목: 하느님과 사람은 둘이 아니다
본문: 요한복음 1:1-18절

그 말씀이 육이 되어 우리와 함께 있었다. 우리는 그분의 영광을 보았다.
외아들이 아버지에게서 받은 영광이었다. 그분에게 은혜와 진리가 충
만하였다.(요1:14) The Word became flesh and made his dwelling
among us. We have seen his glory, the glory of the One and Only,
who came from the Father, full of grace and truth.(John.1:14)

【말씀묵상】

성경에는 4개의 복음서가 있다. 이 복음서들은 모두 예수를 그리
스도로 믿고 섬기는 초기 기독교 교회공동체에 의해서 씌여졌다. 초
기교회공동체 신도들은 우리가 믿는 예수 그리스도가 도대체 어떤
분인가 궁금해 했다. 복음서들은 이 문제에 대한 답변으로 씌여졌
다. 요한복음 저자는 예수를 처음부터 하느님과 함께 계신 '그 로고
스ho logos'로 소개하고 있다. 여기에서 로고스는 개념어가 아니라 고
유명사로 쓰이고 있다. '그 로고스(道)'는 영원 전부터 하느님과 함께
계신 분이요, 하느님의 성품性品을 지닌 분이라는 것이다. 인간이 살
고 있는 이 세상cosmos은 바로 '그 로고스'에 의해 창조되었다는 것
이다. '그 로고스'가 빛phos으로 자기 땅인 세상에 왔으나, 이 세상

은 빛보다 어둠skotus을 더 사랑하였다. 그래서 빛인 '그 로고스'를 받아들이지 아니 했다고 한다.

요한은 영원 전부터 계신 '그 로고스'가 '육sarks'이 되어 우리 가운데 머물렀다고 선언한다. '그 로고스'가 무한, 영원, 하느님을 대변하는 상징어라면, 사르크스(肉)는 유한, 찰나, 코스모스, 인간을 상징한다. 무한無限이 유한有限 속에 들어오고, 영원永遠이 시간時間 속에 들어와 머물렀다는 것이다. 무제약자無制約者이신 하느님께서 스스로를 제약制約하여 인간이 되었다는 것이다. 그리하여 무한과 유한, 영원과 찰나, 하느님과 인간이 하나가 되었다는 것이다. 이를 일컬어 요한은 도성육신incarnation 사건이라고 불렀다. 유한(있음)과 무한(없음)이 둘이 아니고(有無不二), 찰나와 영원이 둘이 아니며, 하느님과 사람이 둘이 아니고(神人不二), 하늘과 땅이 둘이 아님(天地不二)을 요한은 선언하고 있는 것이다. 일체의 존재는 소통communication 가운데 서로 의존하고 있으며 서로 연관되어 있다. 곧 하느님의 피조세계는 상의상관相依相關 되어있다는 것이 도성육신道成肉身 사상이 말하고자 하는 바이다.

'그 로고스'에는 은혜와 진리가 넘치고 있다고 한다. 창조주 하느님 아버지의 영광이 밝게 드러나 있다고 한다. '그 로고스'가 다름 아닌 우리가 믿고 따르는 예수라는 것이다. 요한은 원래 보통명사인 로고스logos를 고유명인 그 로고스ho logos로 변경시켜 이를 예수에게 적용시키고 있다. 그 로고스는 본문에서 예수 그리스도를 가리킨다. 그 분은 유한 속에 들어오신 무한이요, 시간 속에 들어온 영원이며, 인간이 되신 하느님이다.

그런데 요한은 예수만이 하느님의 아들이라고 말하지 않는다. 그를 받아들이고 믿는 사람들에게는 누구든지 예수가 그러하듯이 하느님의 자녀가 되는 특권eksousia이 주어졌다고 한다.(12절) 요한은 우리가 그리스도로 믿고 따르는 예수와 크리스천 사이에 질적質的인 차별을 두지 않는다. 그를 믿고 따름으로써 우리도 하느님의 아들딸이 된다. 무슨 말인가? 그리스도가 된다는 뜻이다. 예수를 믿어 구원받는 것이 아니다. 예수와 더불어 아버지의 아들, 곧 그리스도가 되는 것이다. 하느님이 인간이 되었다는 도성육신道成肉身 사상 배경에는, 모든 인간은 하느님과 소통疏通하는 존재이며 인간 속에는 하느님의 품성品性이 깃들어있다는 진리를 말하고 있다. 예수를 믿고 받아들이는 사람들은 모두 하느님에게서 태어난 자녀이다. 예수 그리스도와 어떤 관계를 맺고 사느냐가 인간의 운명을 결정한다. 그를 믿고, 내 삶 속에 받아들임으로써, 우리는 하느님의 자녀로 새롭게 태어나게 된다.

복음서 저자는 유대교공동체와 요한교회공동체 사이의 차별성을 부각시킨다. 유대교 회당공동체는 모세로부터 하느님의 계율인 토라(율법)을 받았지만, 요한교회공동체는 예수그리스도로부터 하느님의 속성인 은혜와 진리를 받았다는 것이다. 요한교회공동체는 스스로를 유대교의 율법공동체와 차별화差別化하여, 토라공동체가 아닌 '은혜와 진리공동체'로 이해했음을 알 수 있다. 하느님이 인간이 되셨다는 선언은, 하느님과 인간은 둘이 아니라는 선언이다. 모든 인간은 하느님의 아들이며, 가능성을 지닌 존재라는 것이다. 너는 가능성이다! 도성육신道成肉身 사상이 주는 메시지의 핵이다.

제목: 하느님의 어린양
본문: 요한복음 1:19-34절

다음날 요한은, 예수께서 자기에게 오시는 것을 보고, 이렇게 말했다.
"보라! 세상 죄를 짊어지고 가는 하느님의 어린양이 저기 오신다. 내
가 전에 말하기를, '내 뒤에 오시는 한 분이 있다고 했다. 사실 그분
은 내가 태어나기 전부터 계셨기 때문에 나보다 앞선 분이라고 말했는
데, 바로 이 분을 가리킨다.'(요1:29-30) The next day John saw Jesus
coming toward him and said, "Look, the Lamb of God, who takes
away the sin of the world! This is the one I meant when I said,
'A man who comes after me has surpassed me because he was
before me.'(John1:29-30)

【말씀묵상】

이미 앞부분에서 복음서 저자 요한은, 두 사람의 관계를 분명히
밝혀놓았다. 육*sarks*이 된 '그 로고스*ho logos*,' 곧 메시아 그리스도는
오직 예수 한 분뿐이라는 것이다. 세례자 요한은 단지 그 분 메시아
가 오셔서 편하게 걸어가실 수 있도록, 길을 닦고 평탄하게 하기 위
해 앞서 왔다는 것이었다. 이러한 진술 배경에는 요한공동체 구성원
가운데 아마도 세례자 요한도 예수와 마찬가지로 메시아가 아닌가
하고 혼동한 신도들도 있었던 것 같다. 그래서 요한공동체는 세례자

요한을 예수가 '하느님의 어린양'임을 증거하는 증인으로 교통정리를 하고 있다.

세례란 무엇인가? 바빌론포로기 이후 유대교의 종교철학사상에 매력을 느끼고 있던 이방인들이 유대교 신앙을 갖기 위하여 개종할 때 행해지던 의식 가운데 하나였다. 세례를 받음으로써 이방인들은 유대인 공동체의 일원이 되고 하느님의 백성이 되었음을 경험했던 것이다.

그렇다면 초기그리스도교 교회공동체에서 세례는 어떤 의미를 지니는가? 그들은 세례를 그리스도와 함께 '옛 나'가 죽고, '새 나'가 태어나는 사건으로 이해했다. 곧 그리스도 안에서en Christo '새로운 존재new being'로 태어남이 세례의식이었다. 그때 제사장과 율법학자들이 세례자 요한에게 사람을 보내어 묻게 한다. **"당신은 그리스도도 아닌데, 도대체 무슨 권위로 세례를 베푸느냐?"** 이 질문 배후에는, 세례를 베풀 수 있는 분은 오직 그리스도 한 분뿐이라는 전제가 깔려 있다. 세례자 요한이 어떻게 대답하는가? **"나는 단지 주의 길을 예비하기 위하여 온 광야에서 외치는 자의 소리다."**(이사40:3-4) 자기는 그리스도가 아니며, 그분이 가실 길을 준비하기 위해서 온 '광야의 소리'에 불과하다는 것이다.

다음날 예수께서 자기를 향하여 오는 모습을 보면서 세례자 요한은 말한다. **"보라, 세상 죄를 짊어지고 가는 하느님의 어린양이 저기 오신**

다." 다른 복음서들에서는 예수께서 세례자 요한에게 와서 세례 받는 장면을 이구동성으로 기록하고 있는데,(막1:9-11;마3:13-17;눅3:21-22) 요한복음에서는 이를 생략한다. 바로 그 자리를 이 말씀으로 대체하고 있다. 요한복음이 예수께서 세례 받는 장면을 빼고 있는 것은 어떤 연유에서일까? 세례 베푸는 자와 세례 받는 자가 있다면, 누가 높은가? 세례 베푸는 자가 아닌가? 만약 그렇다면 우리가 믿고 따르는 예수 그리스도보다 세례자 요한이 더 높다는 말인가? 이런 오해를 불식시키기 위하여, 복음서 저자는 공관복음서에 전승되어 온 예수가 세례 받는 장면을 의도적으로 누락시켰을 개연성이 높다.

원래 죄罪를 뜻하는 그리스어 하마르티아hamartia는 화살이 과녁에서 약간 빗나간 상태를 가리킨다. 곧 전체는 같은데 다만 끝에 가서 약간 다른 것인 이단異端이 죄罪이다. 그러면 성서가 말하는 죄罪란 무엇인가? 하느님과 인간 사이의 정상적인 관계가 깨어진 상태를 일컫는다. 곧 하느님의 말씀인 율법(토라)을 어겼을 때, 이를 구약성서 시대에는 죄罪라고 했다. 죄罪를 지었을 경우, 어떻게 하면 용서받을 수 있는가? 유대인들의 제사 관습에 따르면 속죄하기 위해서는 죄 없는 아사셀 염소 두 마리를 잡아, 한 마리의 피를 제단에 드리고, 다른 한 마리는 죄罪를 뒤집어씌워 광야로 내쫓았다.(레위16:5-10) 세례자는 자기를 향해 오고 있는 예수에게서 아마도 죄罪 없는 아사셀 염소가 죄를 뒤집어쓰고 광야로 내쫓기는 모습을 연상했는지 모른다. 죄罪 없으신 분이, 세상(코스모스)의 죄罪를 대신 짊어지고 걸어가는 하느님의 어린 양, 곧 그 분이 곧 우리가 믿고 받아들인 예수

그리스도라는 것이다. 희생양이 됨으로써, 예수는 하느님과 세상의 비뚤어진 관계를 정상으로 되돌려놓았다. 복음서 저자는 예수로 하여 금 스스로가 하느님의 사랑하는 아들이라는 자의식自意識을 갖게 하 는 수세受洗장면 대신에,(막1:11) 세상의 모순(罪)을 짊어지고 자기희생 의 길을 걷고 있는 그의 모습에서 예수의 정체성identity을 찾고 있다.

제목: **보라!**
본문: 요한복음 1:35-51절

빌립이 나다나엘을 찾아가서 말했다. "우리는 모세의 율법서와 예언
자들의 글에 기록되어 있는 분을 만났소. 그분은 나사렛 사람인데 요
셉의 아들 예수요." 그러자 그가 반문했다. "나사렛에서 무슨 선한 것
이 나올 수 있겠소?" 그래서 빌립은 나다나엘에게 와서 보라고 권
하였다.(요1:45-46) Philip found Nathanael and told him, "We have
found the one Moses wrote about in the Law, and about whom
the prophets also wrote-Jesus of Nazareth, the son of Joseph."
"Nazareth! Can anything good come from there?" Nathanael
asked. "Come and see," said Philip.(John1:45-46)

【말씀묵상】

예수가 사적私的인 삶을 정리하고 출가出家를 결정한 것은 대략 30세
쯤 되었을 때이다. 그는 공적公的인 삶, 곧 하느님나라 운동을 본격
적으로 시작하기에 앞서, 먼저 뜻을 같이할 동지들(제자들)을 부른다.
제자들을 모집하는 방식이 요한복음은 공관복음서의 그 장면과 사
뭇 다르다. 예를 들면 마가복음에 따르면, 예수는 손수 갈릴리 호숫
가를 찾아다니며, 생계生計를 위하여 일하고 있는 어부들을 부르며
'나를 따르라'고 한다.(막1:16-20)

그러나 요한복음은 이와 다르게 말한다. 세례자 요한이 자기에게 오는 예수를 향하여 '보라, 세상 죄를 지고 가는 하느님의 어린양이다'라고 말하자, 함께 있던 요한의 두 제자가 예수께서 묵고 있는 곳을 물어 찾아간다. 안드레는 집에 돌아와 그의 형제 베드로에게 자초지종을 말하고 그를 예수에게 데리고 간다. 베드로를 눈여겨보던 예수는 '요한의 아들 시몬이 아니냐? 내가 너를 앞으로 게바(바위)라 부르겠다'고 한다. 다음날 예수는 빌립을 만나 '나를 따르라'고 한다. 빌립은 안드레 형제와 동향인同鄕人으로 모두 벳사이다 출신이다.

빌립은 그의 친구 나다나엘을 찾아가 말한다. 내가 메시아를 만났는데, 나사렛 출신 요셉의 아들 예수가 바로 그분이라는 것이다. 나다나엘이 '나사렛에 무슨 선한 것이 날수 있는가?'를 묻자 빌립이 직접 와서 '보라! behold'고 한다. 그들은 예수를 찾아간다. 나다나엘은 자기가 무화과 아래서 기도하고 있던 모습을 예수께서 보았다고 말하자 놀란다. '본다'는 것은 본래 선禪의 언어이다. 선禪에서는 분산된 우리의 시선이나 생각을 한 곳으로 집중킬 때 '보라'고 한다. '보라!'는 우리의 시선을 '지금-여기'에로 집중시킨다. 바르게 봄(正見)은 사물을 바르게 이해하기 위한 전제이다. 바르게 보아야 바르게 생각할 수 있고, 바르게 생각해야 바르게 행동할 수 있다. 바르게 봄으로써 마음과 몸이 한 곳에 모여야 깨달음에 이르게 한다. 빌립은 직접 와서 보라고 한다. 예수를 직접 본 빌립은 고백한다. "랍비여, 당신은 하느님의 아들이며, 이스라엘의 왕입니다."

이스라엘을 구원할 메시아는 다름 아닌 다윗의 고향인 베들레헴에서 출생해야 한다는 것이 당대 유대사회의 일반적인 통념通念이었다. 왜 그런가? 메시아는 다윗의 후손에서 나와야 한다는 고정관념 때문이다.(사11장) 마태와 누가복음서에서 예수의 출생 장소를 굳이 다윗의 고향인 베들레헴과 결부시키는 것은 그러한 연유에서다.(눅 2:4) 나다나엘은 유대인들의 통속적인 메시아 상像을 가지고 있었다. 메시아는 다윗의 뿌리에서 나와야하기 때문에 반드시 베들레헴에서 출생해야 한다는 고정관념이 그것이다.(미가5:2) 빌립이 나사렛 사람 예수가 메시아라고 말하자, 그는 즉각 "나사렛에서 무슨 선한 것 good thing이 날 수 있겠느냐"고 반문한다. 여기에서 '선한 것'은 메시아를 지칭한다. 메시아와 같이 선하고 훌륭한 분은 베들레헴에서 탄생해야지, 결코 나사렛에서는 나올 수 없다는 말이다.

그러나 나다나엘은 곧 마음을 고쳐먹고, 예수가 계신 곳을 방문한다. 나다나엘을 본 예수는 '참 이스라엘 사람'이라고 칭찬한다. 예수는 그가 무화과나무 밑에서 기도하고 있을 때 보았다고 한다. 그러자 예수의 통찰력에 놀라면서 나다나엘(하느님의 선물이라는 뜻이다)은 예수를 '하느님의 아들 메시아'로 고백한다. 예수를 만나자 메시아는 '다윗의 후손'이어야 한다는 고정관념을 나다나엘은 버렸던 것이다. 메시아는 출신出身이나 혈연血緣에 결부되어 이해되어서는 안된다. 메시아됨은 예지력叡智力에 의해서 결정되어야 한다는 것이다. 복음서 저자는 메시아가 베들레헴에서 나와야 한다는 일반적인 통념을 깨부순다. 이와 같이 내가 사로잡혀 있는 고정관념을 내려놓을 때 우리는 진리를 만나게 된다.

제목: 혼인의 축복
본문: 요한복음 2:1-12절

예수께서는 어머니를 보시고, "여인이여, 그것이 저에게 무슨 상관이 있다고 그러십니까? 아직 제 때가 이르지 않았습니다"라고 말했다. 그러자 예수의 어머니는 일꾼들에게 일렀다. "무엇이든지 그가 시키는 대로 하여라."(요2:4-5) "Dear woman, why do you involve me?" Jesus replied, "My time has not yet come." His mother said to the servants, "Do whatever he tells you."(John2:4-5)

【말씀묵상】

누가복음은 예수의 공생애public life의 출발을 희년禧年사상과 결부시킨다. 예수는 안식일에 나사렛 회당에 들어가 최초로 공개석상에서 설교를 한다. 일종의 메시아 등극을 위한 설교라고 할 수 있다. 가난한 사람들, 묶인 사람들, 눈먼 사람들, 억눌린 사람들 등 사회적 소수자들social minority에게 자유와 해방의 기쁜 소식을 전하는 것이 예수께서 메시아로 오신 목적이라는 것이다. 이러한 누가복음의 예수 이해는 히브리 성서 레위기의 희년year of jubilee(25장)사상과 맥脈을 같이 하고 있다.(눅4:18-19)

이와 달리 요한복음은 예수의 공생애公生涯 시작을 가나에서 벌어진 혼인잔치에 참여한 사건으로 소개한다. 예수의 어머니가 미리 가서 도와준 것으로 보아, 가나에 살고 있는 예수의 친척집에서 혼인잔치가 있었던 것 같다. 예수도 그의 제자들과 함께 초대를 받았다. 예수 일행이 그곳에 도착했을 즈음, 때마침 흥이 오른 혼인잔치 집에 포도주가 떨어지는 사태가 발생했던 것이다. 유대인의 관습에 따르면 하객賀客들의 참석여부는 두 번에 걸쳐서 재확인하게 되어 있다. 따라서 혼인잔치가 진행되고 있는 도중에 포도주가 떨어진 사태는 예상외의 불청객들이 많이 몰려와서라기보다는 아마도 경제적 사정으로 포도주를 넉넉하게 준비하지 못했기 때문이리라.

예수의 어머니가 그 다급한 사정을 미리 간파하고 예수에게 그 사정을 알렸다. 허나, 아들의 반응은 냉담하였다. "여인이여, 포도주가 떨어진 일이 저에게 무슨 상관이 있다고 그러십니까?" 예수는 그의 어머니를 "여인"(gunai)이라고 부른다. 어머니와 일정한 거리감을 느끼게 하는 이 호칭은 예수가 사생활私生活을 접고 공생애公生涯 시작을 알리는 일종의 신호탄이라고 말할 수 있을 것이다. 예수의 어머니는 일꾼들에게 옹기 항아리를 준비하도록 하고, 예수가 무슨 말을 하든지 순종하라고 이른다. 예수는 일꾼들에게 옹기 항아리 6개에 물을 가득 채우도록 한다. 그들이 그렇게 하자, 그 물을 떠서 잔치를 맡은 이에게 갖다 주라고 한다. 물은 어느 순간 포도주로 변해 있었다. 잔치 맡은 이가 맛을 본 후 신랑을 불러 말한다. "누구든지 좋은 포도주를 먼저 내고 술 취한 다음 덜 좋은 것을 내는 법인데, 이렇게 좋은 포도주가 아직까지 남아있다니 도대체 어찌된 일이오?"

인류지대사人倫之大事인 혼인을 축복하고 풍요롭게 하는 것, 예수의 공생애의 의미를 요한복음은 이렇게 소개한다. 하느님께서는 천지만물을 창조하시고 마지막 날에 인간을 당신의 형상*imago dei*대로 창조하시되 여자와 남자로 창조하셨다. 남녀가 만나 결혼하여 한 몸이 되는 혼인婚姻은 하느님 창조사역의 완성이라고 볼 수 있도 있을 것이다.(창2:24) 요한복음서 저자는 예수 선교의 목적을 남녀간의 인류지대사인 혼인을 축복하고 인간의 일상적인 삶을 풍요롭게 하는 데서 찾고 있음을 볼 수 있다. 예수 모친의 아들에 대한 믿음이 예수의 메시아 때를 앞당기게 했다는 것, 예수 메시아는 인류구원을 이룰 뿐만 아니라,(거대담론) 갈릴리의 사회적 소수자들social minority의 일상생활의 소소한 고민거리를 해결해주는 분이기도 하다는 것을 본문은 말해 준다. 요한이 전하는 예수 이야기는 인류의 죄를 지고 가는 거대담론big story의 성격을 지니고 있을 뿐만 아니라, 일상생활의 어려움을 해결해주는 작은 이야기small story의 성격을 지니기도 한다. 예수는, 하느님의 창조활동의 꽃인 남녀의 결혼을 축복함으로써 그의 공생애public life를 시작한다.

제목: 예루살렘 성전정화 사건
본문: 요한복음 2:13-25절

예수께서는 대답하셨다. "이 성전을 허물어라. 내가 사흘 안에 다시 세
우겠다." 그들이 예수께 대들었다. "이 성전을 짓는데 사십 육년이나 걸렸는
데, 그래 당신은 그것을 사흘만에 다시 세우겠단 말이오?" 그런데 예수
께서 성전이라 한 것은 당신의 몸을 두고 한 말이었다.(요 2:19-21) Jesus
answered them, "Destroy this temple, and I will raise it again in
three days." The Jews replied, "It has taken forty-six years to
build this temple, and you are going to raise it in three days?"
But the temple he had spoken of was his body.(John2:19-21)

【말씀묵상】

유월절에 예루살렘에 올라간 예수는 성전 뜰 안에 장사꾼들이 즐
비하게 앉아있는 것을 보자, 채찍을 만들어 그들을 내어 쫓는다.
"내 아버지 집을 장사하는 집으로 만들지 말라." 마태복음 저자는
'강도의 소굴'(마21:13)이라는 극단적인 표현을 쓰고 있다. 성전정화 사
건은, 당시 예루살렘 성전의 부패와 비리를 목격한 예수께서 이를
신랄하게 비판한 사건이었음을 알 수 있다. 공관복음서에 따르면 이
사건이 비화되어 예수는 결국 십자가에 처형된다. 예수는 백성을 미
혹하고, 로마황제에게 세금 바치는 것을 금하며 스스로 왕이라 했다고

유대지도층은 예수를 고발한다.(눅23:2)

예수의 행동을 지켜보던 유대인 기득권자들이 묻는다. '도대체 당신이 무슨 권한이 있기에, 이런 일을 하고 있는 것이오. 무슨 기적을 행하여 증명해 보이겠소?'(18절) 참 예언자와 거짓 예언자를 구별하는 방법이 무엇인가? 유대인들은 그들이 눈으로 직접 확인할 수 있는 기적을 행할 수 있는가에 의해서 결정된다고 보았다. 거듭 유대의 권력층은 도대체 무슨 권한으로 이런 일을 하는가 묻는다. 예수께서 말한다. "너희가 이 성전을 헐라. 내가 사흘만에 일으키리라." 주님은 자기 몸을 두고 하신 말씀이라고 요한은 해석을 붙인다. 그러나 유대인들은 이상히 여기며 사십 육년에 걸쳐 지었으나 아직 완성하지 못한 이 성전을 어떻게 사흘만에 지을 수 있겠는가 하면서 수군거린다.

예루살렘 성전은 솔로몬 시대에 건축된 유대인 신앙의 본거지였다. 성전은 야훼 하느님의 처소이며, 그 분을 만날 수 있는 유일한 성소聖所이기도 하다. 허나, 지금 상태는 어떤가? 물건을 사고파는 사람들, 장사하는 사람들로 북적거린다. 성전을 관할하는 사제司祭 그룹은 성전 뜰을 장사치들에게 빌려주고 막대한 임대료를 챙겼다. 기도해야 할 곳이 시장바닥이 된 것이다. 온갖 비리의 온상溫床이 된 것이다. 하느님의 집은 더 이상 하느님을 만날 수 있는 장소가 아닌 것이다. 성소聖所이어야 할 성전에서 성聖이 사라지고 속俗이 판치고 있는 모습이다.

"이 성전을 헐라." 예수의 명령은 준엄하다. 새 성전을 세우겠다는 것이다. 복음서 저자는 예수께서 자기 몸을 가리켜 말한 것이라고 한다. 이 말씀 배경에는 요한교회공동체와 유대교회 회당공동체 사이의 신학 논쟁이 깔려있다. 하느님은 도대체 어디에서 만날 수 있는가? 예루살렘 성전인가, 아니면 예수 그리스도인가? 건물인가, 아니면 사람인가? 요한의 입장은 분명하다. 성전은 건물이 아니라 사람이다! 로고스logos가 육sarks으로 도성육신道成肉身incarnation한 예수 그리스도야말로 인간이 하느님과 만나고 소통communication할 수 있는 유일무이한 길이며 성소라는 것이다. 하느님께 기도하는 집이어야 할 성전이 아닌? 거룩한 곳이어야 할 성전이 아닌가? 그런데 성전 권력층은 장사하는 시장바닥으로 만들고 막대한 수익을 챙기는데 혈안이 되어있다. 온갖 종류의 비리와 부정부패의 온상이 되었다. 성소聖所가 더 이상 성聖스럽지 못할 때, 그 성소聖所는 헐어버려야 한다.

예수시대의 유대인들은 예루살렘 성전을 하느님께서 계신 곳이라 생각했다. 그래서 그곳을 예배의 장소로 삼았다. 허나, 사마리아인들은 달랐다. 사마리아에 있는 그리심산 성전에 하느님이 계신다고 생각했고, 그곳을 예배처소로 삼았다. 사마리아 여인이 어느 곳이 참 예배 장소인가 묻자, 예수께서 예루살렘도 그리심산도 아니고 '영과 진리'로 예배를 드린다면, 그곳이 어디든지 하느님이 계시는 곳이라고 한다.(요4:24) 예수는 하느님의 임재 체험을 공간의 문제에서 마음의 문제로 바꾸고 있다.

제목: 위에서 태어남
본문: 요한복음 3:3-12절

니고데모가 물었다. "장성한 사람이 어떻게 다시 태어날 수 있겠습니까? 다시 어머니 자궁 속으로 들어갔다가 나올 수야 없는 법이지 않습니까?" 그러자 예수께서 말씀하셨다. "정말 잘 들어라. 물과 성령으로 새로 태어나지 않으면 어느 누구도 하느님 나라에 들어갈 수 없다."(요3:4-5) "How can a man be born when he is old?" Nicodemus asked. "Surely he cannot enter a second time into his mother's womb to be born!" Jesus answered, "I tell you the truth, no one can enter the kingdom of God unless he is born of water and the Spirit."(John3:4-5)

【말씀묵상】

유대인들에게 신망이 두터운 바리새파의 랍비rabbi 니고데모가 어느날 밤 예수를 찾아가 묻는다. 그는 예수께서 행한 많은 기적에 대해 소문을 듣고 있었던 것 같다. "당신이 하느님께로부터 오신 분이 아니라면 그러한 기적을 행할 수 없습니다"라고 한다.(요3:2) 그러자 예수는 뜻밖의 대답을 한다. "누구든지 새로 나지 않으면 결코 하느님 나라를 볼 수 없다." 두 사람 사이의 대화는 마치 선불교에서 법거량法擧揚을 하는 선문답禪問答을 연상시킨다.

이에 당황한 니고데모는 다 큰 사람이 어떻게 다시 어머니 자궁 속에 들어갔다가 나올 수 있는가라고 되묻는다. "누구든지 물과 성령으로 새로 태어나지 않으면 결코 하느님 나라에 들어갈 수 없다." 예수의 답변이다. 이어서 예수는 말을 잇는다. 육肉sarks에서 태어난 것은 육肉 sarks이라는 것, 영靈pneuma에서 태어난 것은 영靈pneuma이다. 바람이 불어와 나뭇가지가 흔들려도 그 실체實體를 볼 수 없듯이, 성령으로 새로 태어난 사람도 그와 같다. 하늘에서 내려 온 사람의 아들 son of man 외에는 아무도 하늘에 올라간 일이 없다. 하느님께서는 세상cosmos을 극진히 사랑하셔서 외아들을 보내주셨고, 그를 믿는 사람은 누구를 막론하고 영생을 얻게 해 주셨다. 예수를 믿지 않은 사람은 이미 심판을 받았다고 한다.

그리스어 '겐나오 아노텐gennao anothen'은 "새로 태어남," "위에서 태어남," "다시 태어남born again"을 뜻한다. 모든 종교가 추구하는 궁극적인 목적은 '새로운 존재new being'로 되는 겐나오 아노텐이다. 니고데모와 예수의 문답은 단순히 두 개인 사이의 문제가 아니다. 영생과 구원에 이르는 길을 둘러싼 두 종교(유대교와 요한교회)간의 논쟁을 반영하고 있다. 니고데모는 누구인가? 바리새파 회당종교의 스승(랍비)이요, 유대의 최고 의결기구인 산헤드린 정회원正會員이다. 랍비 유대교의 대표라고 할 수 있다. 유대교는 구원에 이르는 길을 어떻게 가르치고 있나? 율법(토라)의 생활화를 통해서이다. 율법을 제대로 알고 지킴으로써 구원에 이르게 된다는 것이 유대교의 가르침의 핵심이다.

그렇다면 요한교회 공동체는 구원에 이르는 길을 어떻게 가르치고 있는가? "물과 성령으로*eks hudatos kai pneumatos*" 거듭나야 한다고 한다. 이 구절은 공관복음서에 나오는 예수의 수세受洗장면을 연상시킨다.(마가1:9-11) 예수는 요한으로부터 물세례를 받을 때 하늘에서 비둘기 모양을 한 영이 그 위에 내렸다. 요르단강에서 예수는 물*hudatos*과 영*pneumatos*으로 세례를 받은 것이다. 물이 지기地氣를 뜻한다면, 영은 천기天氣를 뜻한다. 물과 영으로 거듭남은 지기와 천기의 합일unity, 소통communication, 조화로움harmony을 의미한다. 거듭남은 나의 노력이나 지식의 축적에 의해서 얻어지는 것이 아니다. 요한교회에서 구원은 돈오점수頓悟漸修가 아니라 돈오돈수頓悟頓修 입장이라 할 수 있다. 거듭남은 천기天氣와 지기地氣 그리고 양기陽氣와 음기陰氣의 합일合一사건이다. 그것은 나 밖에서 주어지는 선물이요, 오직 즉각적인 영의 깨달음을 통해서 얻어진다. 영은 바람이다. 바람의 특성은 그 어디에도 걸림이 없는 무애无涯*eleutheria*에서 나타난다. 요한교회는 스스로를 영靈 공동체, 곧 그 어디에도 걸리지 않는 자유로운 무애공동체无涯共同體로 이해했던 것 같다.

제목: 그물에 걸리지 않는 바람같이
본문: 요한복음 4:1-42절

예수께서 대답하셨다. "이 우물에서 물을 마시는 사람은 다시 목마르겠지만, 내가 주는 물을 마시는 사람은 영원히 목마르지 아니할 것이다. 내가 주는 물은 그 사람 속에서 샘물처럼 솟아올라 영원히 살게 할 것이다." 이 말씀을 듣고 그 여인은 청하였다. "선생님, 그 물을 저에게도 주십시오. 그러면 다시 목마르지 않고, 물을 길러 여기까지 오지 않아도 되겠습니다."(요4:13-15) Jesus answered, "Everyone who drinks this water will be thirsty again, but whoever drinks the water I give him will never thirst. Indeed, the water I give him will become in him a spring of water welling up to eternal life." The woman said to him, "Sir, give me this water so that I won't get thirsty and have to keep coming here to draw water."(John4:13-15)

【말씀묵상】

예수 일행은 예루살렘으로 올라가는 길목에서 사마리아를 지나치게 되었다. 점심식사 때가 되었던 것 같다. 제자들은 식사거리를 구하기 위해 시장으로 갔고, 예수는 홀로 그리심산 근처 마을인 수가城의 우물곁에 앉아 쉬고 있었다. 때마침 한 사마리아 여인이 이곳에 물을 길러 왔다. 예수는 그 여인에게 목이 마르니 물을 좀 달라고 요청한다. 그러자 사마리아 여인이 의아해 한다. "보아하니 당신은 유대인 같은데. 어찌 나 같은 사마리아 여인에게 물을 달라고 합니까?"(4:9)

　유대인과 사마리아인은 본래 한 민족이었다. 허나, 솔로몬 이후 이스라엘왕국은 남북분단南北分斷의 아픔을 겪어야 했다. 남쪽에는 유다왕국이, 북쪽에는 이스라엘왕국이 들어섰다. 그런데 기원전 8세기 신흥 아시리아제국은 북이스라엘을 점령했다. 그들은 사마리아 지역에 혼혈정책混血政策을 폈다. 그 후로 순수 혈통에 의한 선민사상選民思想을 중요시했던 남왕국의 유대인들은 사마리아 유대인들을 혼혈족이라 하여 이방 죄인으로 취급했다. 남유다왕국 역시 기원전 6세기에 바빌론에 의해 멸망당했다. 예루살렘에 살던 유대인들은 전쟁포로가 되어 바빌론으로 끌려가 비참한 노예생활을 하지 않으면 안 되었다. 50년 뒤 페르시아의 고레스Cyrus왕이 바빌론을 멸망시켰을 때, 그는 바빌론에 있던 유대인 포로들에게 고국에 돌아갈 수 있도록 허락하였다. 예루살렘에 돌아온 유대인들이 제일 먼저 한 일이 무엇인가? 성전건축이었다. 사마리아 유대인들도 성전건축에 참여하겠다고 하자, 순수혈통을 중요시했던 남유대인들은 이를 거절했다. 사마리아 유대인들은 그리심산에 별도의 성전을 짓고 그곳에서 예배를 드렸던 것이다. 그 뒤로 유대인들은 사마리아인들을 개처럼 천대했다. 서로 상종을 하지 않았던 것이다.

　예수는 유대인들이 사마리아인들에 그어놓았던 경계를 철폐했다. 수가성 우물가에서 예수께 던진 사마리아인의 질문을 이러한 배경을 깔고 있다. 예수께서는 이 물을 마시는 사람은 다시 목마르지만, 내가는 주는 물을 마시는 사람은 영구히 목마르지 않을 것이라고 한다. 여인은 그 물을 청한다. 대화 가운데 그 여인은 예수가 선지자임을 간파한다. 그리하여 예배드려야 할 장소가 유대인의 예배처소인 예루살렘인가, 아니면 사마리아인의 그리심산인가를 묻는다. 예수는 대답한다. 하느님은 영pneuma이시라고 한다. 영의 특성은 '자유함eleutheria'에 있다. 하느님은 한 장소에 매어있지 않고, 마치 바람처럼, 우주 가운데 편재遍在하여 계심을 말한다. 영pneuma과 진리aletheia를 사모하는 마음으로 예배를 드리면, 그곳이 어느 곳이든지 하느님의 예배처소가 된다는 것을 요한은 말한다. 장소는 중요하지 않다. 문제는 영과 진리를 사모하는 마음이다. 성聖과 속俗이 따로 있는 게 아니다. 성聖의 속화俗化가 아니라, 속俗의 성화聖化이다. 성聖이 속俗이요, 속俗이 성聖이다. 성聖과 속俗은 둘이 아닌 성속불이聖俗不二 사상을 요한은 천명하고 있다. 영과 진리로 거듭난 사람은 동방사상의 지평에서 보면 어떤 사람일까? 석가모니 붓다의 어록語錄에 해당하는 『숫다니파따』에는 그물에 걸리지 않고 살아가는 사람이 아닐까? "소리에 놀라지 않는 사자처럼, 그물에 걸리지 않는 바람처럼, 진흙에 더럽혀지지 않는 연꽃처럼, 무소의 뿔처럼 혼자서 가라!"(『숫다니파따』)

제목: 베데스다 연못가의 병자 치유
본문: 요한복음 5:1-18절

그런데 그 병자들 중에 삼십팔 년 된 병자가 있었다. 예수께서 그 사람이 누워있는 것을 보시고, 또 그 병이 오래된 것을 아시고 "네가 낫기를 원하느냐?"하고 물으셨다. "주님, 물이 움직일 때 저를 못에 들어가게 해주는 사람이 없습니다. 제가 가는 동안에 남들이 저보다 먼저 못에 들어갑니다"하고 병자가 대답했다. 예수께서 그에게 말씀하셨다. "일어나 자리를 들고 걸어가라."(요5:5-8) One who was there had been an invalid for thirty-eight years. When Jesus saw him lying there and learned that he had been in this condition for a long time, he asked him, "Do you want to get well?" "Sir," the invalid replied, "I have no one to help me into the pool when the water is stirred. While I am trying to get in, someone else goes down ahead of me." Then Jesus said to him, "Get up! Pick up your mat and walk."

(John5:5-8)

【말씀묵상】

유대인에게는 우리나라의 설이나 추석과 같은 큰 명절이 세 개 있다. 무교절, 칠칠절, 초막절이 그것이다. 무교절은 유월절passover이라고도 불린다. 이 명절에는 출애굽한 유대인들이 광야에서 누룩이 들어가지 않는 빵(무교병)을 먹었다고 해서 부쳐진 이름이다. 칠칠절feast of weeks은 오순절로 불리기도 한다. 유월절부터 50번 째 되는 날을 기념해서 붙인 이름이다. 맥추절이라고도 한다. 봄의 보리수확을 감사하는 절기이다. 초막절草幕節feast of booths은 나팔절로 불리기도 한다. 이스라엘 백성이 광야생활을 기념하는 절기이다. 새해를 알리는 나팔을 분다고 해서 나팔절이라고 불리기도 한다. 이 절기는 추수감사절 또는 곡식을 저장하는 절기라 해서 수장절收藏節로 불리기도 한다.

이 가운데, 어느 명절에 예수께서 예루살렘에 올라가셨는지는 분명치 않다. 예수는 성전 입구에 위치한 '양의 문' 옆에 있는 베데스다Bethsaida라는 연못을 지나치게 되었다. 히브리어로 '은혜의 집'이라는 뜻이다. 그 주변에는 항상 병자들로 북적였다. 천사가 가끔 내려와 이 연못의 물을 휘저어놓고 가기 때문이다. 물이 움직일 때 제일 먼저 들어가는 사람은 무슨 병에 걸렸든지 낫게 된다는 전설이 있는 곳이다. 그곳에 38년 동안 자리에 누워 지내는 병자 한 사람이 있었다. 예수는 그 사람 앞으로 가서 물었다. "당신은 낫기를 원하는가?" 병자가 말한다. "선생님. 물이 움직일 때 저를 물속에 들어가게 해주는 사람이 없습니다. 제가 가는 동안에 남들이 저보다 먼저 못에 들어갑니다." 예수께서 그에게 말씀하셨다. "일어나, 자리를 들고 걸어가게." 그러자 그 사람은 곧 나아서 자리를 들고 걸어갔다고 한다.

그날은 안식일이었다. 이 광경을 목격한 유대 지도층은 병 고침 받은 사람에게 말한다. "오늘은 안식일이다. 왜 안식일에 해서는 안 되는 일을 하는가?" 유대 지도층은 예수께서 해서는 안 될 일을 한다고 해서 박해하기 시작했다고 한다. 예수는 무어라고 응수하는가?

"내 아버지께서 지금도 일하시니, 나도 일한다." 그들은 예수를 아예 죽이려고 했다. 왜 그런가? 그는 안식일을 안 지켰을 뿐만 아니라, 하느님을 아버지라 불러 자기를 하느님과 동등하다고 말했기 때문이다. 그것은 신성모독神聖冒瀆에 해당되었다. AD 90년에 있었던 얌니아 Yamnia 바리새파 지도자회의에서, 유대인 랍비 요하넨 벤 차카이는 율법의 생활화 운동을 전개했다. 미드라쉬는 성문화된 토라(율법)의 주석서에 해당한다. 미드라쉬에는 유대인들이 일상생활 속에서 어떻게 율법을 지킬 것인가를 다루는 할라카halacha와 구약의 설화들을 발전시킨 일종의 유대 민속문화에 해당하는 하가다hagada로 구분된다. 미쉬나는 할라카의 주석을 보다 체계적으로 정리하여 법전화한 것이다. 여기에서 탈무드가 나왔다. 랍비유대교는 야훼를 하느님으로 숭배하는 유일신론monotheism 자들이었다. 그들은 예수를 하느님과 동등하게 섬기는 그리스도교인들을 이단으로 취급했다. 랍비유대교는 안식일 예배를 드릴 때마다 이단인 그리스도교인들의 이름을 하늘의 생명책에서 지워달라고 기도했다.

1등만이 살아남을 수 있는 경쟁사회에서, 예수는 그 경쟁에서 탈락된 38년 된 병인病人을 찾아가 병을 고쳐준다. 그로 하여금 정상적인 사회인으로 살아가도록 해 준다. 예수 선교의 일차적인 대상은 누구였는가? 무엇보다도 사회적 소수자social minority들이었음을 알 수 있다. 요한이 전하는 민중선교는 예수운동의 정체성正體性을 결정 짓는 문제이며, 기독교 선교가 지향하지 않으면 안 되는 목적과 방향을 분명하게 제시해 준다.

제목: **영생과 심판**
본문: 요한복음 5:19-47

내가 진정으로 너희에게 말한다. 내 말을 듣고 또 나를 보내신 이를
믿는 사람은 영원한 생명을 얻고 심판을 받지 않으며 이미 죽음에서
생명에로 옮겨져 있다. 내가 진정으로 너희에게 말한다. 죽은 사람들
이 하느님 아들의 음성을 들을 때가 올 것이다. 지금이 바로 그 때이
다. 그리고 듣는 사람은 살 것이다. 그것은 아버지께서 자기 안에 생
명을 가지신 것처럼, 아들에게도 생명을 주어 그 안에 생명이 있게 하
셨기 때문이다.(요5:24-26) I tell you the truth, whoever hears my
word and believes him who sent me has eternal life and will not
be condemned; he has crossed over from death to life. I tell you
the truth, a time is coming and has now come when the dead will
hear the voice of the Son of God and those who hear will live.
For as the Father has life in himself, so he has granted the Son
to have life in himself.(John5:24-26)

【말씀묵상】

　유대인 권력층이 예수를 죽이려고 한 것은 두 가지 이유에서다.
그들이 보기에 예수는 안식일에 병자를 치유하여 안식일 계명을 어
겼을 뿐만 아니라, 하느님을 자기 친아버지라 하며 하느님과 자기를
동등하게 여겨, 신성 모독죄를 범했기 때문이다.

본문에서는 예수가 하느님과 각별한 관계에 놓여있음을 말한다. 이미 앞에서 예수와 하느님은 부자유친父子有親의 관계로 설명한 적이 있다. 내 혈육의 아버지를 공경하는 것보다 더 근원적인 우주만물을 낳고 기르는 하느님 아버지에 대한 공경이 더 본원적인 것이 되어야 하지 않은가?

이제 하느님 아버지는 그의 아들에게 이 세상을 통치하고 심판하는 권능을 수여한다. 아들은 아버지가 하시는 일을 그대로 할 뿐만 아니라, 그보다 더 큰 일을 한다. 아버지가 죽은 사람들을 일으켜 생명을 주시듯이, 아들도 자기가 원하는 사람에게 생명을 주신다. 아버지는 스스로 심판하지 않으시고, 심판하는 일을 모두 아들에게 위임한다. 아버지는 아들에게 전권全權을 위임한다. 그것은 모든 사람이 아버지를 존경하듯, 아들을 존경하게 하려는 것이라고 한다. 아들을 존경하지 않는 사람은 그를 보내신 아버지를 존경하지 않는 사람이다.

아버지가 아들에게 위임한 권능은 무엇인가? 두 가지다. 첫째는 아버지가 죽은 사람을 살리듯, 아들에게도 그가 원하는 사람을 살리는 권능을 주셨다는 것이다.(21절) 생명은 본래 하느님께 속한 것이다. 사람이 좌지우지할 것이 못 된다. 하느님은 아들에게 생명을 살리는 권능을 주셨다. 이제 예수의 말을 듣고akouein 믿는pistein 사람에게 영원한 생명, 곧 구원이 약속된다. 그리스어 '아쿠에인'은 단순히 '듣다'는 뜻이 아니라, '듣고 순종하다'는 뜻을 담고 있다. 예수의 말을 듣고 순종할 때 우리에게 영원한 생명이 주어진다는 것이다. 예수는 다름 아닌 '세상의 생명the life of the world'이기 때문이다. 둘째로 하느님은 아들에게 심판의 권능을 주셨다고 한다. 하느님의 법정에서 판결할 수 있는 권능을 예수에게 허락했다는 것이다. 하늘 법정에서 아들의 말을 듣고, 그를 보내신 분을 믿는 사람에게는 영원한 생명이 약속된다. 그러나 아들의 말을 듣지 않고, 그를 보내신 분을 믿지 않는 사람에게는 심판과 죽음이 기다린다.

예수는 생명의 주관자이기도 하지만, 동시에 심판의 주관자이기도 하다. 구원과 심판은 먼 미래의 일이 아니다. 현재의 일이다. '지금 여기hic et nunc'에서 내가 예수와 어떤 관계를 맺고 사느냐에 따라 내 운명이 결정된다. 곧 영생과 심판이 결정된다. 예수를 믿는 사람은 이미 죽음에서 생명에로 옮겨졌다. 요한은 구원을 미래의 일이 아닌 '지금─여기'에서 예수와 어떤 관계를 맺고 사느냐의 결단 문제로 이해한다. 그런 의미에서 요한은 구원을 '미래의 일'로 본 것이 아니라 '지금─여기'에 현존하는 나사렛 예수의 역사 지평에서 일어나는 '현재의 일'로 보았음을 알 수 있다. 구원은 미래의 문제가 아니라 현재의 문제이다.

제목: 밥상공동체
본문: 요한복음 6:1-15

예수께서 눈을 들어 큰 무리가 자기에게 모여오는 것을 보시고 빌립에게 "우리가 어디서 먹을 것을 사다가 이 사람들을 먹이겠느냐"하고 말씀하였다. 이렇게 말씀하신 것은, 친히 어떻게 하실지를 아시고, 빌립을 시험하고자 함이었다. "우리가 이 많은 사람을 먹일 수 있는 빵을 어디에서 사야합니까?" 빌립이 예수께 대답했다. "이들 각 사람에게 조금씩이라도 먹이자면 이백 데나리온 어치의 도시락을 가지고도 오히려 부족하겠습니다." 제자 중 하나, 시몬 베드로의 형제 안드레가 예수께 말했다. "여기 한 아이가 보리빵 다섯 조각과 물고기 두 마리를 가지고 있습니다. 그러나 그것이 이 많은 사람에게 얼마나 되겠습니까?"(요6:5-9)

When Jesus looked up and saw a great crowd coming toward him, he said to Philip, "Where shall we buy bread for these people to eat?" He asked this only to test him, for he already had in mind what he was going to do. Philip answered him, "Eight months' wages would not buy enough bread for each one to have a bite!" Another of his disciples, Andrew, Simon Peter's brother, spoke up, "Here is a boy with five small barley loaves and two small fish, but how far will they go among so many?"(John6:5-9)

【말씀묵상】

유월절이 가까운 때였다. 예수는 제자들과 함께 디베랴 호수 건너

편에 있는 산언덕으로 갔다. 그 소식을 듣고 많은 사람이 몰려들었다. 오랜 시간동안 예수의 설교를 경청했던 군중이 허기짐을 보시고, 예수는 그들의 끼니를 해결해주고자 했다. 그래서 제자들에게 그 방도를 찾아보도록 했다. 어디서 이 많은 사람을 위해 먹을 것을 구할수 있는가? 빌립이 계산을 해 보았다. 한 가족의 1년 생활비에 해당하는 이백 데나리온으로도 부족하였다. 그때 안드레가 점심으로 빵다섯 조각 물고기 두 마리를 가지고 온 아이를 예수께 데리고 왔다. 그 아이가 점심을 먹기 위하여 싸온 도시락을 내어놓자, 예수는 제자들에게 명하여 오천 명에 이르는 큰 무리를 그룹을 지어 잔디에 앉도록 한다. 예수께서 빵을 들어 감사를 드리신 다음에 앉아있는 사람들에게 나누어주셨다. 물고기도 그와 같이해서 그들이 원하는 대로 주셨다. 모든 사람이 배부르게 먹고 남은 조각이 열 두 바구니에 가득 찼다고 한다. 사람들이 예수께서 행하신 이 표징을 보고 이분이야말로 세상에 오실 참 예언자라고 무리는 탄성을 지른다. 그리고 그들은 예수를 억지로 왕으로 삼으려고 한다. 이를 아시고 예수는 홀로 산으로 몸을 피한다.

'함께 밥을 나누는 이야기'는 네 개의 복음서에 공共히 나타난다.(마14:13-21;막6:30-44;눅9:10-17) 예수의 하느님 나라 선교운동에서 밥상공동체는 그만큼 역사적 개연성이 크고, 비중 있게 다루어지고 있는 사건이었음을 짐작케 해준다. 공관복음서의 급식기적 이야기에서는 급식기적을 행하는 그 자체에서 예수의 메시아됨이 공표된다.

허나 요한복음에서는 예수가 어떤 종류의 메시아인가에 더 관심을 갖는다. 요한복음은 예수에 관한 여러 전승 자료로 구성되어 있다. 그 중 하나가 기적자료이다. 이를 세메이아*semeia* 자료라고도 한다. 요한복음에는 7개의 세메이아 자료가 있다. 본문은 4번째의 세메이아 자료에 해당한다. 공관복음에 등장하는 기적 이야기들의 목적이 기적 자체를 행하는 예수의 메시아됨을 증명하기 위한 것이라면, 이와 달리 요한복음의 세메이아 자료에서는 예수 메시아됨의 성격character이 규정된다.

이 세상에 오기로 되어 있는 메시아 예수는 어떤 성격의 메시아로 소개되고 있는가? 이스라엘을 로마의 압제에서 해방시킬 정치적 메시아political Messiah인가?(요6:15) 아니다. 배고픈 사람들의 배를 채워주는 메시아이다. "나는 생명의 밥이다. 내게로 오는 사람은 결코 주리지 않을 것이요, 나를 믿는 사람은 다시는 목마르지 않을 것이다."(요6:35) 예수는 밥의 문제, 민중의 경제문제를 해결해 주는 생명의 밥 메시아 Living Bread Messiah로 소개된다.

한 젊은이가 영생을 얻는 방법을 묻자 예수는 무어라고 대답하는가? 네가 가진 것을 다 팔아 가난한 사람들에게 나누어 줄 것을 명한다.(막10:21) 대승불교에서는 위로는 깨달음을 추구하고 아래로는 중생과 하나됨을 지향하는 "상구보리하화중생上求菩提下化衆生"을 구원의 도리道理로 소개한다. 하화중생의 요건이 무엇인가? 6바라밀의 첫 번째 요건인 보시布施, 곧 나눔이다. 나눔의 실천을 통해서 중생과 하나됨이 없이 해탈에 이를 수 없다고 불교는 가르친다.

　한 어린아이는 그의 어머니가 싸준 이어오병二魚五餠, 곧 빵 다섯 조각과 물고기 두 마리를 내어놓았다. 그의 내어놓음이 기적을 낳았던 것이다. 배고픈 사람 모두를 배부르게 하는 기적은 예수의 신적인 능력에 의해서 일어나지 아니 하였다. '나눔의 실천'에 의해서 일어난 것이다. 노자에 따르면 백성들의 배를 곯지 않게 하는 정치야말로 성인의 정치(聖人之治)라고 했다.(『도덕경』 3장) 사람이 밥만으로 살 수는 없다. 허나, 사람이 밥 없이 살 수 없다는 것도 또한 진리이다. 해월은 식사食事를 하늘이 하늘을 먹는 이천식천以天食天이라고 했다. 이에 근거하여 김지하는 밥을 특정인이 독점해서는 안 되고, 독점할 수도 없는 하늘(公)이라 했다.

이어오병교회

제목: 밥이 하늘이다
본문: 요한복음 6:16-71

예수께서 그들에게 말씀했다. "내가 곧 생명의 밥이다. 내게 오는 사람은 결코 주리지 않을 것이요, 나를 믿는 사람은 언제나 목마르지 않을 것이다. 그러나 나는 너희에게 말한다. 너희는 나를 보고도 믿지 아니했다. 아버지께서 내게 주시는 자는 다 내게로 올 것이며, 내게 오는 자는 결코 내쫓지 않을 것이다. 내가 하늘에서 내려온 것은 내 뜻을 행하려 함이 아니고, 나를 보내신 분의 뜻을 행하려 함이다. 나를 보내신 이의 뜻은 내게 주신 사람을 내가 하나도 잃어버리지 않고 마지막 날에 다시 살리는 일이다. 또한 아들을 보고 믿는 사람이면 누구나 영원한 생명을 얻게 하시는 것이 내 아버지의 뜻이다. 나는 마지막 날에 그들을 다시 살릴 것이다."(요6:35-40) Then Jesus declared, "I am the bread of life. He who comes to me will never go hungry, and he who believes in me will never be thirsty. But as I told you, you have seen me and still you do not believe. All that the Father gives me will come to me, and whoever comes to me I will never drive away. For I have come down from heaven not to do my will but to do the will of him who sent me. And this is the will of him who sent me, that I shall lose none of all that he has given me, but raise them up at the last day. For my Father's will is that everyone who looks to the Son and believes in him shall have eternal life, and I will raise him up at the last day."(John6:35-40)

【말씀묵상】

디베랴 호수에서 나눔 공동체 표징을 행한 예수는 제자들에게 먼저 배를 저어 가버나움으로 가도록 이르셨다. 그런데 도중에 파도가 밀려와 제자들이 타고 있던 배가 파선 직전에 놓이게 되었다. 이때 예수께서 바다 위를 걸어오셔서 제자들을 구원한다. 예수는 바다의 풍랑까지 다스리는 분임이 증명된다. 그런데 군중들이 가버나움까지 쫓아온다. 예수를 기대어 그들의 육적인 욕망을 채우려고 하였기 때문이다. 예수께서는 "썩어질 육의 양식"을 추구하지 말고 '영원한 생명의 양식'을 추구하라고 한다.

요한복음은 예수께서 자기를 소개할 때, 신神의 자기계시自己啓示 형식을 사용한다. '나는 … 이다ego-eimi'가 그것이다. '나는 생명의 밥이다.'(요6:35) '나는 세상의 빛이다.'(요8:12) '나는 문이다.'(요10:9) '나는 선한 목자다.'(요10:11,14) '나는 부활이며 생명이다.'(요11:25) '나는 길이고 진리이며 생명이다.'(요14:6) '나는 참 포도나무다.'(요15:1,5) 밥과 빛, 문과 길, 목자와 포도나무는 생명과 진리를 뜻하며, 또한 인간이 삶을 살아가는데 있어서 동경憧憬하는 것들이다. 예수는 '에고-에이미'로 자신을 소개한다. 사람들이 동경憧憬하고 바라는 것들을 이루어주는 자로써 자기를 소개한다.

본문에서 예수는 자기 자신을 하늘에서 내려온 '생명의 밥'으로 소개한다. 사람이 밥을 먹지 않고는 살 수 없다. 밥은 곧 생명이다. 밥 한 알을 얻기 위해서는 하늘(天)과 땅(地)과 농부(人)의 수백 번에 걸친 수고와 땀이 필요하다. 천지인天地人의 지극정성을 다한 노동의 결실로 우리는 밥을 얻고 생명의 에너지를 얻는다. 해월은 "식일완만사지食一碗萬事知"라 했다. 온 우주의 상호작용이 빚어낸 예술작품이 밥 한 그릇에 담겨있다. 밥 한 그릇에 우주의 온갖 진리가 담겨있다는 의미이리라. 밥이 우주만물이 협동한 노동의 결실이라면, 그것을 먹고 사는 나라는 존재 또한 우주 만물의 협동의 결과가 아닌가? 밥은 하늘이요 밥은 우주가 베푸는 은혜의 선물이다. 밥은 사私가 아니라 공公이다. 따라서 밥은 독식獨食해서는 안 되고, 함께 먹어야 제 구실을 한다. 밥의 공공성公共性, 곧 밥 나눔의 실천을 통해서 우리는 '밥의 영성靈性'을 회복해야 한다. 밥이 사私를 넘어 공公이 될 때 그때서야 밥은 단순히 '육의 양식'이 아닌 '영靈의 양식'으로 승화昇華될 것이다.

가버나움

제목: 생수의 강
본문: 요한복음 7:1-52

명절의 고비가 되는 마지막 날, 예수께서 일어서서 큰 소리로 말씀했다. "목마른 사람은 다 내게 와서 마시라. 나를 믿는 사람은 성경이 말한 것과 같이 그의 배에서 생수가 강같이 흘러나올 것이다."(요7:37-38) On the last and greatest day of the Feast, Jesus stood and said in a loud voice, "If anyone is thirsty, let him come to me and drink. Whoever believes in me, as the Scripture has said, streams of living water will flow from within him."(John7:37-38)

【말씀묵상】

이 말씀의 무대는 예루살렘 성전이다. 초막절feast of booths 축제 기간에 예수께서 예루살렘에 올라가 성전에서 가르친다. 유대인들은 놀란다. "저 사람이 배우지도 않았는데 어떻게 저런 학식이 있을까?"(15절) 예수를 귀신들렸다고 매도한 유대의 종교권력자들은 그를 잡아 죽일 궁리를 한다. 허나, 예수를 예언자로 아는 많은 군중이 두려워 그 뜻을 이루지 못한다.

초막절은 유월절(과월절) 및 칠칠절(맥추절, 초실절)과 함께 이스라엘의 3대 절기이다.(출애굽기 34:22) 초막절기 동안 유대인들은 텐트에서 지냈다. 그들의 선조가 40년 동안 광야에서 유랑생활을 하던 때를 기억하여 기념하기 위해서다. 유대인들은 티쉬리얼(9~10월) 15일(추분일에 가까운 보름달)부터 1주간을 초막절로 지켰다. 이 기간 동안 회당에서는 전도서가 낭독되고, 성전에서는 성대한 희생제사가 행해졌다. 절기가 끝나는 날에는 이듬해 풍년을 바라며 비를 구하는 기도가 행해졌다. 이를 위하여 황금으로 된 포도주 병에 실로암 연못에서 물을 길어다가 성전 서쪽에 있는 제단에 붓는 의식儀式이 거행되었다. 그것은 다음 해 풍년을 위하여 비를 구하는 의식儀式의 하나로 행해졌다.

이 장면을 목격한 예수는 군중을 향하여 자신을 생수living water의 근원이라고 선언한다. 누구든지 목마른 사람은 와서 마시라고 한다. 그러면 그들의 배에서 생명수生命水가 강같이 흘러나올 것이라고 한다. 무슨 말인가? 예수와 인연을 맺는 사람 또한 그와 마찬가지로 생명수의 원천이 된다는 것이다. 물론, 생명수는 성령을 두고 한 말씀이다. 이 말씀으로 인해서 예수가 메시아인지 아닌지에 대한 논쟁이 벌어진다. 군중의 견해가 둘로 갈리자, 예수 체포령을 내렸던 유대인 권력층은 곤란해 한다. 그때 산헤드린 공의회 회원으로써 군중의 신망이 두터운 니고데모가 예수를 적극적으로 변호하고 나선다. 그들은 결국 뜻을 이루지 못한다.

예수는 스스로를 자기와 인연 맺는 사람들 앞에서 '생명수hydatos zontos'의 원천으로 소개한다. 세상이 주는 물은 마치 바닷물과 같다. 마시면 마실수록 더 갈증을 느끼게 된다. 인간의 탐욕은 결코 끝이 있을 수 없다. 탐욕의 갈증을 종식시키는 물, 그것이 예수가 주는 물이다. 예수가 주는 물을 마시면, 그의 뱃속에 생명수가 마치 강물처럼 흘러넘치게 되리라고 한다. 예수는 구원자요 계시자로써 목마른 사람들을 부른다. 그는 목마른 사람 모두의 목을 축여주는 생명의 물을 제공한다. 그 물은 바위에서 솟아나는 물과 같다.(민20장) 물론 그 물은 예수를 대신하는 '영Spirit'을 일컫는다. 그 영은 '다른 보혜사*allos parakletos*'이기도 하다.(요14:16) 그 생명수는 예수에 대한 신뢰를 통해서 거저 주어지는 은혜의 선물이다. 이 본문은 제2 이사야서를 연상시킨다. "너희 목마른 자들아, 물로 나아오라. 돈 없는 자로 나아오라. 너희는 와서 사 먹되, 돈 없이 값 없이 와서 포도주와 젖을 사라."(사55:1) 인간의 갈증을 근원적으로 해갈시켜 주는 분은 누구인가? 그리스도의 또 다른 '현존양식現存樣式'인 성령Spirit이다.

제목: 간음한 여인
본문: 요한복음 8:1-11

예수께서 몸을 일으켜 여인에게 말했다. "여인아, 그 사람들이 어디 있느냐? 너를 정죄한 사람이 하나도 없느냐?" "주님, 하나도 없습니다" 하고 여인이 대답하니 예수께서 말했다. "나도 너를 정죄하지 않는다. 가서, 이제부터는 다시 죄를 짓지 말라."(요8:10-11) Jesus straightened up and asked her, "Woman, where are they? Has no one condemned you?" "No one, sir," she said. "Then neither do I condemn you," Jesus declared. "Go now and leave your life of sin."(John8:10-11)

【말씀묵상】

이 삽화揷話는 오래된 요한복음 사본寫本에는 나타나지 않는다. 본래 홀로 고립되어 떠돌아다니던 역사적 예수에 근원을 둔 이야기 전승을, 아마 후대에 이르러 로마교회의 필요에 의해서 첨가되었을 개연성이 높다. 로마제국에 의해 그리스도교가 박해를 받을 때 한 번 배교背敎를 했다가 다시 회개하고 그리스도교 신앙에로 돌아온 신도들을 어떻게 대처해야 할 것인가에 대한 로마 그리스도교회의 고민이 이 이야기의 배경에 깔려 있는 것으로 보인다.

예수께서 오전에 성전에서 가르치실 때의 일이다. 서기관과 바리새파사람들이 간음 현장에서 잡힌 여인을 데리고 예수께 왔다. 간음한 사람을 징벌하기 위해서는 반드시 목격자가 있어야 했다. 모세의 율법에 따르면 간음한 사람은 돌로 쳐 죽이도록 되어 있다.(레20:10; 신22:22-24) 그들은 예수에게 묻는다. "당신은 무어라고 판결내리겠습니까?" 질문을 받자 예수는 몸을 굽혀 땅에 무엇인가를 쓰셨다고 한다. 예수가 땅에 무슨 내용의 글을 썼는지는 그리 중요한 사항이 아니다. 예수의 그러한 행동은, 여인에게 사형판결을 내리라는 군중의 요구에 대한 일종의 거부행위였기 때문이다. 그런 다음 예수는 일어서서 그들에게 말했다. "너희 중에 죄 없는 사람이 먼저 이 여자를 돌로 쳐라." 그리고 다시 몸을 굽혀 땅에 무엇인가 쓰고 계셨다. 그러자 예수의 말씀을 들은 군중은 나이 많은 사람부터 젊은 사람에 이르기까지 하나 둘씩 돌아갔다고 한다. 아마도 양심의 가책을 받고 자리를 떴는지 모르겠다. 이제 현장에는 예수와 여인만이 남게 되었다. 고소하던 사람들이 모두 사라지자 예수께서는 여인에게 말했다. "너를 고발한 자들이 어디 있느냐? 나도 너를 정죄하지 않는다. 가서, 이제부터 다시는 죄를 짓지 말라."

이 삽화는 공관복음서共觀福音書에 나오는 다른 예수 이야기들과 흡사하다. 특히 민중을 향한 예수의 각별한 관심이나 행위가 그렇다. 역사적 예수의 하느님 나라 선교운동은 본래 사회적 소수자들에 의한(Gospel by the social minority), 사회적 소수자들을 위한(Gospel for the social minority), 사회적 소수자들의 복음(Gospel of the social minority)

운동의 성격을 띤다. 예수가 살던 시대는 고대노예제古代奴隸制 사회였으며, 동시에 가부장제家父長制 사회였다. 로마사회는 노예들의 노동에 의해서 지탱되었다. 제국을 지탱하기 위해 로마는 끊임없이 주변국들을 침략하여 전쟁노예를 양산했다. 동시에 로마사회는 남성에 의한 여성의 억압이 사회제도로 정착된 시대이다. 여성은 사람취급을 받지 아니했다. 여자는 사람 수에도 끼지 못했다.(막6:44) 로마의 가부장제 사회에서 여성은 단지 남성의 성적 쾌락의 대상이요 노동수단이었으며 애를 낳는 공장에 불과했다.

간음에는 상대가 있기 마련이다. 왜 간음현장에서 여인만 잡혀왔는가? 그 여인과 함께 간음한 남자는 어디에 갔는가? 이와 같이 가부장적 남성중심의 사회풍조에서 예수는 남성들의 위선과 이중성을 폭로한다. "너희 중에 죄 없는 자가 먼저 돌로 치라." 남자들이여, 먼저 인간이 되라는 선언이다. 남의 눈에 있는 티끌을 보기 전에 네 눈에 있는 들보를 먼저 보라는 말이다.(마7:3) 예수는 그 여인의 죄를 묻지 않는다. "나도 네 죄를 묻지 않겠다."

제목: 진리와 자유
본문: 요한복음 8:12-59

그러므로 예수께서 자기를 믿은 유대인들에게 말씀했다. "너희가 내
말대로 살면 참 내 제자가 되고, 진리를 알게 될 것이다. 그리고 진
리는 너희를 자유롭게 할 것이다."(요8:31-32) To the Jews who had
believed him, Jesus said, "If you hold to my teaching, you are
really my disciples. Then you will know the truth, and the truth
will set you free."(John8:31-32)

【말씀묵상】

이미 앞서 예수는 자기 자신을 '생명의 밥'과 '생명의 물'로 소개
했다. 사람이 살아가는 데 있어서 없어서는 안 될 먹는 것과 마시는
것의 근원이 예수라는 것이다. 이제 예수는 스스로를 '세상의 빛'으
로 소개한다. "나는 세상의 빛이다. 나를 따르는 사람은 어둠에 다니지
아니하고 생명의 빛을 얻으리라."(12절) 초막명절에 유대인들은 성전 구
석구석을 등불로 밝혀놓는 관습이 있었다. 이러한 연등행사燃燈行事
는 묵은해의 재액災厄을 다 물리치고, 새해를 환하게 맞이하려는 유
대인들의 소박한 꿈과 희망이 담겨있는 풍습이다.

이제 예수는 스스로를 세상의 빛phos이라고 한다. 예수는 자기를 이 세상의 어둠skotus을 밝히는 등불로 소개한다. 생명의 밥을 먹고 생명의 물을 마시는 사람이 다시는 배고프지 않고 목마르지 않듯이, 이제 세상의 빛을 얻은 사람은 더 이상 어둠 속에 머물지 아니 하게 된다. 밥, 물, 빛은 인간이 생명을 지탱하는데 있어서 없어서는 안 될 기본요소이다. 그것들과 예수는 자기를 일치시킨다. 생명의 밥, 생명의 물, 세상의 빛이 있는 곳에는 예수가 있다는 것이다. 본문에서 예수는 개체를 지칭하지 않는다. 보편적 자아로써 빛이 있는 곳에 편재遍在하는 예수를 말한다.

"내가 세상의 빛이다"라는 예수의 주장에 대해서 바리새파 사람들은 네가 너를 위해 증언하니 참될 수 없다고 한다. 그러자 예수는 이에 대해 반박한다. "… 나는 내가 어디서 와서 어디로 가는지를 알지만, 너희는 내가 어디서 와서 어디로 가는지를 알지 못한다."(14절) 내가 어디서 와서 어디로 가는지를, 곧 예수는 자기의 기원起源과 운명運命을 알고 있다는 것이다. 따라서 자기 자신에 대해 참되고 신빙할 만한 증거를 제시할 수 있다고 한다. 유대인의 율법에는 두 사람의 증인이 있으면 진실된 것으로 간주된다. 예수는 말한다. "내가 스스로를 위하여 증언하는 사람이 되고, 나를 보내신 아버지 또한 나를 위하여 증언한다."(18절) 외형상으로 예수는 혼자인 것 같이 보이지만, 실상은 예수와 아버지는 분리될 수 없는 관계로 존재한다는 것이다. 예수와 아버지는 둘이되 둘이 아닌 관계, 곧 불일불이적不一不二的 관계로 요한복음 저자는 이해한다.

예수는 유대인들에게 말한다. "너희가 내 말에 거하면 참으로 내 제자가 되고, 진리를 알지니 진리가 너희를 자유롭게 하리라."(31절) 진리 *aletheia*를 알기 위해서는 예수의 말에 머물러야 한다는 것이다. 예수의 말씀 안에서 얻게 되는 진리가 그들을 자유롭게 할 것이라고 한다. 진리에 대해서 바르게 알게 되면 자유*eleutheria*를 얻게 된다. 물론 진리는 구원을 포함하고 있는 개념이다. 예수의 말씀대로 살면 진리를 알게 되고, 진리를 알게 되면 자유를 얻게 된다. 여기에서 말씀*logos*, 진리*aletheia*, 자유*eleutheria*는 상호 연관성을 지니고 있는 개념들이며, 서로가 서로를 해석한다.

유대교에서 진리는 율법(토라)이다. 율법의 멍에를 짊어진다는 것은 세속적인 멍에로부터 자유롭게 된다는 것을 뜻했다. 유대인들은 율법에 대한 탐구와 지식이 그들을 자유롭게 한다고 생각했다. 스토아 철학의 가르침은 어떤가? 자연법에 따르는 것, 곧 인간이 우주만물의 이성*logos*에 따름으로써 자유를 얻게 된다고 가르친다. 요한복음 저자는 진리를 얻는 수단으로써 토라나 로고스를 제시하지 않는다. 예수의 말씀 안에 머물러 있을 때, 곧 예수의 말씀에 따라 살 때, 진리를 알게 되고 참 자유와 해방을 얻게 된다는 것을 말하고 있다. 진리와 자유가 있는 곳, 그리고 진리와 자유를 추구하는 삶 속에 예수는 현존現存한다는 것이다.

제목: **시각장애인의 운명전환**
본문: **요한복음 9:1-41**

예수가 말했다. "내가 세상에 온 것은 심판하기 위한 것이다. 곧 보지 못하는 사람은 보게 하고, 보는 사람은 맹인이 되게 하려는 것이다." 예수와 함께 있던 바리새파 사람들이 이 말씀을 듣고 "우리도 맹인이란 말이요?"하고 대들었다. 예수께서 그들에게 말했다. "너희가 맹인이었다면 도리어 죄가 없었을 것이다. 그러나 지금 본다고 말하니 너희의 죄가 그대로 남아있다."(요9:39-41) Jesus said, "For judgment I have come into this world, so that the blind will see and those who see will become blind." Some Pharisees who were with him heard him say this and asked, "What? Are we blind too?" Jesus said, "If you were blind, you would not be guilty of sin; but now that you claim you can see, your guilt remains."(John9:39-41)

【말씀묵상】

이 단락은 두 장면으로 구성되어 있다. 시각장애인의 치유 장면과 예수가 세상의 빛이라는 교훈의 말씀이 그것이다. 예수 일행은 길을 가다가 한 시각장애인을 만난다. 유대사회의 관습에 따르면, 인간이 살아가면서 당하게 되는 온갖 길흉화복은 하느님의 계명인 토라와 어떤 관계를 맺고 사느냐에 따라 결정된다. 율법을 잘 지키고 순종하는 삶을 살면 복을 받게 되고, 율법을 거역하고 불순종하는 삶을 살면 화를 당하게 된다는 것이다. 율법과의 어떤 관계를 맺고 사느냐가 인간의 운명을 결정짓는다는 신명기 역사관은 유대사회의 체제뿐만 아니라, 개인적인 삶의 구석구석에 이르기까지 깊이 뿌리 내리고 있다.

시각장애인을 보고 제자들이 묻는다. "저 사람이 시각 장애로 태어난 것은 누구의 죄 때문입니까? 그 자신 탓입니까, 아니면 그의 부모 탓입니까?" 허나, 예수께서는 그 누구의 탓도 아니라고 한다. 단지 하느님의 하시는 일을 그에게 나타내기 위한 것이라고 한다. 예수는 침으로 진흙을 이겨 그의 눈에 발라주고, 실로암 연못에 가서 씻게 한다. 그러자 시각장애인은 눈을 뜨게 되고, 사물을 다시 볼 수 있게 되었다고 한다.

유대인들은 길흉화복吉凶禍福을 포함하여 인간이 살아가면서 겪게 되는 모든 인간사人間事를 신명기 역사관에 의해서 해석한다. 그에 따르면, 구원받은 인간은 타락하게 되고, 타락을 하게 되면 하느님의 징벌이 내리고, 징벌을 받으면 회개하고, 회개하면 하느님은 그를 용서하신다. 이와 같이 구원(용서)-타락-징벌(심판)-회개-용서(구원)가 반복되는 순환의 역사가 이스라엘 역사에 나타난 하느님의 구원사salvation history라는 것이다. 이러한 신명기사관은 유대인들이 하느님의 법인 토라를 지키면 복 받고, 이를 거역하면 징벌을 받는다는 인과응보적인 인연법因緣法이 자리하고 있다. 그러니 신명기사관을 대변하는 제자들의 시각에서 보면, 이 사람이 시각장애인으로 태어난 것은 어느 누구가 지은 죄에 대한 하느님의 징벌로 이해될 수밖에 없을 것이다.

허나, 예수는 이러한 인과응보적인 신명기사관을 정면 부정한다. 그 사람이 시각장애인으로 태어난 것은 단지 하느님의 영광을 드러내기 위한 것이라고 한다.(참조, 욥2:1-10) '하느님의 영광을 위하여'라는 사관史觀은 유대인의 정신 속에 내면화되어 있는 인과응보적인 사관을 초월한다. 이것은 인간사를 해석하는 새로운 패러다임이다. 예수는 현재를 과거 지평에서 보는 것이 아니라, 미래 지평에서 본다. '~ 때문'이 아니라 '~을 위해서' 현재가 존재한다는 것이다. 복음서 저자가 강조하고자 하는 메시지의 초점은 바로 여기에 있다.

이 시각장애인 치유사건은 안식일에 일어났다. 바리새파사람들은 그 소식을 듣고 안식일 규정을 위반하고 병자를 치유한 예수를 죄인으로 몰아세운다. 그러자 예수께서 영적으로 맹인 된 사람들에 관해서 말한다. "내가 세상에 온 것은 심판하기 위한 것이다. 곧 보지 못하는 사람은 보게 하고, 보는 사람은 맹인이 되게 하려는 것이다." 이 예수 말씀의 역설적인 표현 속에는 요한교회공동체가 유대인을 대상으로 한 선교과정에서 겪어야만 했던 박해와 좌절의 현실이 반영되어 있다. 비록 육체의 눈은 떴으나, 영적인 눈이 맹인이 되어 빛으로 오신 예수를 거부하고 어둠 속에서 살아가는 유대인 지도자들에 대한 비판이다.

제목: 선한 목자 예수
본문: 요한복음 10:1-21

나는 문이다. 누구든지 나를 통하여 들어오면 구원을 얻고, 드나들며 꼴을 얻을 것이다. 도둑은 도둑질하며 죽이며 파괴하려고 오는 것뿐이요, 나는 양들이 생명을 얻고 더 얻어 풍성하게 하려고 온 것이다. 나는 선한 양치기이다. 선한 양치기는 양을 위하여 목숨을 바친다.(요10:9-11) I am the gate; whoever enters through me will be saved. He will come in and go out, and find pasture. The thief comes only to steal and kill and destroy; I have come that they may have life, and have it to the full. I am the good shepherd. The good shepherd lays down his life for the sheep.(John10:9-11)

【말씀묵상】

9장에서 바리새파 사람들은 시각장애인이었다가 눈 뜬 사람을 돌봐주기는커녕, 그를 내쫓아버렸다. 이와 달리 예수는 그를 찾아 '양 우리'로 인도하였다. 영적으로 맹인인 바리새파 사람들은 양들을 생명으로 인도하는 것이 아니다. 오히려 양들의 생명을 유린하는 강도 짓을 한다.

예수와 바리새파 사람 사이의 근본적인 차이는 무엇인가? 첫째는,

어떤 목적을 가지고 양 우리 안으로 들어가느냐이다. 양을 생명의 길로 인도하기 위해서인가, 아니면 양을 도둑질하기 위해서인가? 둘째는, 양의 생명을 보호하기 위해 맹수들과 맞서 자기 목숨까지 내어놓을 준비가 되어있는가, 아니면 자신의 안전을 지키기 위하여 양들을 버리고 도망치는가? 선한 양치기와 삯꾼 양치기의 차이는 바로 여기에서 드러난다.

예수는 스스로를 '선한 양치기'로 그리고 '양들이 자유롭게 드나드는 우리의 문'으로 비유하고 있다. 예수가 자신을 제자들에게 소개할 때 쓰는 전문적인 용어가 있다. '나는 …이다Ego eimi'가 그것이다. '나는 생명의 밥이다.' '나는 세상의 빛이다.' '나는 길이며 진리요 생명이다.' '나는 부활이며 생명이다.' '나는 참 포도나무다.' '나는 양 우리의 문이다.' 인간이 생명을 유지하는데 없어서는 안 될 것들, 곧 인간이 살아가는데 없어서는 안 될 가장 소중한 것들이 밥이요, 빛이요, 생명이요, 진리요, 문이요, 선한 양치기다. 이런 것들과 예수는 자기 자신을 일치시키고 있다. 양들이 생명의 꼴을 얻기 위하여 드나드는 문과 양들을 보호하기 위해 자기 목숨을 기꺼이 내어놓을 수 있는 선한 양치기가 있는 곳에 예수는 현존現存한다는 것이다.

"나는 선한 목자이다. 내가 내 양을 알고, 양도 나를 아는 것이, 아버지께서 나를 아시고, 내가 아버지를 아는 것 같으니, 나는 양을 위하여 목숨을 버린다."(14-15절) "나는 선한 목자이다Ego eimi ho poimen ho kalos"는 출애굽기에서 다윗을 '선한 양치기rohe yapheh'로 묘사하는 대목에 상응한다.(출2:2) 선한 양치기는 자기 양을 알고, 양은 양치기를 안다. 그것은 마치 아버지가 예수를 알고, 예수가 아버지를 아는 것에 비유된다. 본문에서는 아버지와 아들, 양과 양치기, 그리스도와 크리스천 사이의 '영적 앎*gnosis*'이 강조된다. 이러한 요한복음의 '영적 앎'(그노시스) 사상은 영지주의靈知主義의 영적 깨달음 사상과 연관성을 지닌다. 영지주의靈知主義에서는 믿음이 아니라 스스로 영적 깨달음을 통해서 인간은 구원에 이르게 된다고 가르친다. 인간은 어디서 왔는가? 나는 무엇이며, 어디로 가는가? 이와 같은 인간의 기원과 운명에 관한 영적 지식을 통해서 자지 존재에 대한 깨달음에 이르는 것이 그를 구원에로 이끈다. 사도정통교회가 오로지 예수를 믿음으로써 구원을 얻는 타율신앙他律信仰을 강조한다면, 영지주의 교회는 스스로 깨달음을 통해 구원에 이르는 자율신앙自律信仰의 대표적인 모습을 보여준다.

요한교회공동체는 타율신앙他律信仰과 자율신앙自律信仰 중간에 위치해 있다. "영생은 곧 유일하신 하느님과 그가 보내신 분인 예수그리스도를 아는 것이다."(요17:3) 앎*gnosis*과 함께 요한복음은 믿음*pistis*을 강조한다. "오직 이것을 기록함은 너희로 예수께서 하느님의 아들 그리스도임을 믿게 하려 함이며, 또 너희로 믿고 그 이름을 힘입어 생명을 얻게 하려는 것이다."(요20:31) '바른 앎ortho-gnosis'이 '바른 신앙ortho-pistis'으로 인도한다.

제목: 깨달음과 영생
본문: 요한복음 10:22-42

내 양은 내 음성을 듣는다. 나는 내 양을 알며, 내 양들은 나를 안다. 내가 그들에게 영원한 생명을 준다. 그들은 영원토록 망하지 않을 것이며, 그들을 내 손에서 빼앗아갈 사람이 없을 것이다.(요10:27-29) **My sheep listen to my voice; I know them, and they follow me. I give them eternal life, and they shall never perish; no one can snatch them out of my hand. My Father, who has given them to me, is greater than all; no one can snatch them out of my Father's hand.(John10:27-29)**

【말씀묵상】

예수는 수전절修殿節에 예루살렘으로 간다. 때는 겨울이었다. 수전절engkainia은 봉헌dedication이란 뜻을 지니고 있다. 일명 하누카Hanukkha절이라고도 불린다. 기원전 168년 시리아의 안티오쿠스 4세는 예루살렘을 침략하고, 성전에 제우스신상神像을 세웠다. 그리고 유대인들이 부정하다고 여기는 돼지를 잡아 그 피를 제단에 드리도록 했다. 그는 칙령勅令을 반포하여, 할례 및 안식일 준수를 비롯한 일체의 모세종교 제의를 원천봉쇄했다. 히브리 성서는 모두 수거되어 불에 태워버렸다. 이런 상황에서 기원전 167년에 모데인Modein이라고 하는 유대지방의 작은 마을에서 경건한 바리새파 유대인 맛타디아가 그 마을에 파견되어 제우스신에게 제사를 드리는 왕의 관리를 타살打殺하는 사건이 발생했다. 그의 주변으로 많은 동조세력이 몰려들었고, 그들은 사막으로 피신하여 조직적인 저항운동을 벌였다. 그의 아들 유다 마카베오는 기원전 164년에 안티오쿠스 4세와의 전쟁에서 승리하여 예루살렘 성전을 탈환하는데 성공한다. 그는 더럽혀진 성전을 말끔히 수리하고, 이를 다시 하느님께 드리는 봉헌예식을 거행하였다. 이를 기념하는 절기가 하누카절이다.

유대력으로는 9월 '기슬르월'(양력11-12월) 25일부터 8일간 드렸다. '빛의 축제'로 불리기도 하는 이 절기에 유대인 가정은 깨끗한 기름으로 호롱불을 밝혔다. 성전에 첫날에는 촛불 하나를 밝히고 마지막 날에는 8개의 촛불을 밝힌다. 이날은 악의 세력으로부터 광명을 되찾고 승리한 날이었으므로 각 가정이 창문에 특별한 등불을 밝혀놓고 기뻐했다. 이 절기 동안 성전과 각 가정을 깨끗하게 청소하고 어려운 사람을 도왔다.

솔로몬 행각stoa은 헤롯성전 이방인 뜰에 위치한 주랑柱廊 또는 회랑回廊을 말한다. 수전절에 예수께서 솔로몬 행각을 거닐고 있을 때 유대인들이 그를 에워싸고 당신이 메시아인지 분명하게 밝히라고 한다. 이에 대해서 예수는 "내가 내 아버지의 이름으로 행하는 일들이 나를 증거한다. 너희는 내 양이 아니므로 믿지 않는다."고 말한다.(10:25) 이어서 예수는 "나와 아버지는 '하나heis'이다"(10:30)라고 하면서, 자신이 행한 일을 아버지께서 친히 증거하고 계시다고 말한다. 그러자 유대권력층은 하느님과 자기를 질적質的으로 동등하다고 말하는 예수를 신성 모독죄blasphemia로 걸어 돌로 치려한다. 그러자 예수는 놀라운 말을 한다. "… 너희 율법서를 보면, '내가 너희를 신들이라 불렀다'(I said, you are Gods)하신 기록이 있지 않느냐? 성경은 폐하지 못하나니 하느님의 말씀을 받은 사람들을 신이라 하셨다."(10:34-35, 참조 시82:6)

"내가 말하기를 너희는 신들이며, 모두 지극히 높은 분의 아들들이라 하였다."는 시편 82편 6절의 인용이다. 요한교회공동체 구성원들은 스스로를 신神들이요, 지존至尊하신 하느님의 아들딸이라는 자존감自尊感을 가지고 있었음을 알 수 있다. 지상에서 걸어 다니는 신神들이며 하느님의 아들딸들이라는 요한공동체 신도들의 자의식自意識은, 그들로 하여금 신神답게, 아니 신神의 자녀답게 살도록 했다. 석가모니 붓다는 태어나자마자 천상천하유아독존天上天下唯我獨尊을 외쳤다고 한다. 인간은 모두 세상에서 가장 존귀한 존재로 태어났다는 인간 존엄성 선언이다. 붓다의 자존의식自尊意識은 요한교회공동체의 신의식神意識과 서로 유사한 모습을 띠고 있음을 알 수 있다. 요한공동체 구성원의 신적神的 자의식自意識은 동학에서 말하는 인내천人乃天 사상과 흡사한 점이 있다. 사람은 본래 하늘님을 모시고 있는 존재이며(侍天主), 사람이 곧 하늘님이다(人乃天)라는 인간의 평등과 존엄성에 대한 동학의 인내천 사상의 선언은 한국 근대 휴머니즘의 효시嚆矢라고 할 수 있을 것이다.

제목: **나사로의 소생蘇生**
본문: **요한복음 11:1-54**

예수께서 마르다에게 말했다. "나는 부활이요 생명이니, 나를 믿는 사
람은 죽어도 살고, 살아서 믿는 사람은 영원히 죽지 않을 것이다. 네
가 이것을 믿느냐?" 마르다가 말했다. "주님은 세상에 오실 그리스도
요 하느님의 아들임을 제가 믿습니다."(요11:25-27) Jesus said to her,
"I am the resurrection and the life. He who believes in me will
live, even though he dies; and whoever lives and believes in me
will never die. Do you believe this?" "Yes, Lord," she told him, "I
believe that you are the Christ, the Son of God, who was to come
into the world."(John11:25-27)

【말씀묵상】

이 말씀은 예수께서 죽은 나사로를 살리는 소생蘇生 기적 이야기
인데, 그가 생전에 행한 마지막 표징semeia에 해당한다. 예수가 요
르단강 건너 베레아 지역에서 복음을 전파하고 있을 때이다. 베다니
에 살고 있는 마르다에게서 기별이 왔다. 그녀의 오빠 나사로가 중
병으로 드러누워 있다는 것이다. 그 소식을 듣고 예수는 서둘러 베
다니를 향해 발걸음을 옮긴다. 예수 일행은 베다니 마을 입구에 들
어서니 마르다가 마중 나와 있었다. "주께서 여기 계셨다면, 제 오라버

니가 죽지 아니 하였을 것입니다." 이미 나사로는 죽어서 매장된 지 나흘이나 지난 후였다. 예수가 말했다. "네 오빠는 살아날 것이다." 마르다가 대꾸했다. "마지막 날 부활 때에 그가 다시 살아날 것이라는 것을 압니다." 이때 예수가 마르다에게 말한다. "나는 부활이요 생명이니, 나를 믿는 자는 죽어도 살겠고 무릇 살아서 믿는 자는 영원히 죽지 아니하리라." 그 말을 듣고 마르다는 예수에 대해 다음과 같이 신앙고백을 한다. "주는 세상에 오실 그리스도요, 하느님의 아들임을 제가 믿습니다." (요11:27) 요한복음이 마르다의 입을 통해 신앙고백을 하게 한 것은 요한교회공동체에서 여성이 차지하는 비중이 얼마나 컸나를 짐작케 한다.

마르다의 예수 메시아 신앙고백은 공관복음서에도 나온다. 마가복음에서는 예수의 첫 번째 수난예고 직전에 제자들의 대표인 베드로의 입을 빌려 고백된다. 예수가 제자들을 동반하고 빌립이 통치하는 가이사랴 빌립보 지방을 여행할 때 있었던 일이다. 길 위에서 예수는 제자들에게 사람들이 자기를 누구라 하는가 묻는다. 세례자 요한이 환생했다는 사람도 있고, 엘리야라고 하는 사람도 있고, 더러는 예언자 중 한 분이라고 말한 사람도 있다고 말한다. 그러면 "너희는 나를 누구라 생각하느냐?" 묻는다. 제자들을 대표해서 베드로가 말한다. "당신은 그리스도십니다." (막8:29) 베드로의 예수 메시아 신앙고백은 그리스도가 수난을 받아야 함을 강조하기 위한 맥락에서 고백되고 있음을 볼 수 있다. 마태복음에서는 이 말씀이 다른 맥락에서 소개된다. 마태는 교회의 권위를 강화하기 위한 맥락에서 이 말씀을 소개한다. "당신은 살아계신 하느님의 아들 그리스도입니다."(마16:16) 시몬 베드로가 이렇게 대답하자, 예수는 "이 반석 위에 교회를 세울 터인즉, 죽음의 힘도 어쩌지 못할 것이다."라고 한다. 수난의 맥락이 아니라 교권 강화를 목적으로 고백되고 있음을 알 수 있다.

예수는 죽은 지 4일이 지난 나사로를 소생蘇生시킨다. 소생 기적을 통해서 요한복음이 강조하고자 하는 것은 무엇인가? 예수는 심지어 죽음까지 다스리는 힘을 지닌 신적 메시아라는 것이다. 요한복음은 일곱 가지 표징을 통해서 예수가 신적 능력을 지닌 메시아임을 증거하고 있다. (1) 가나의 혼인잔치에서 물을 포도주로 만들고,(2:1-11) (2) 죽어가는 왕 신하의 아들을 살린다.(4:46-54) (3) 베데스다 연못에서 38년간 누워있는 병자를 고치며,(5:1-9) (4) 생선 두 마리와 빵 다섯 조각으로 오천 명을 먹이는 급식기적을 행한다.(6:1-14) (5) 급식기적을 행한 날 저녁 예수는 갈릴리 호수 위를 걸어온다.(6:16-21) (6) 태생적인 시각장애인을 고치고,(9:1-41) (7) 죽은 나사로를 소생시킨다. 예수는 신적인 능력으로 인간의 필요함을 채워준다. 요한복음 저자는 예수의 표징 이야기를 다각도에서 조명함으로써, 그의 메시아됨을 공식적公式的으로 선언하고 있음을 볼 수 있다.

제목: **예수의 죽음을 예비한 여인**
본문: 요한복음 11:55-12:11

> 예수께서 이렇게 말씀하셨다. "그 여인이 하는 대로 내버려 두어라. 그는 내 장사일을 위하여 그렇게 한 것이다. 가난한 사람들은 언제나 너희와 함께 있지만, 나는 언제나 너희와 함께 있지는 않을 것이다."(요.12:7-8) "Leave her alone," Jesus replied. "It was intended that she should save this perfume for the day of my burial. You will always have the poor among you, but you will not always have me."(John12:7-8)

【말씀묵상】

본문은 예수께서 예루살렘에 입성할 때 벌어지게 될 사건에 대해 묘사한다. 안식일에 죽은 나사로를 소생蘇生시킨 사건으로 산헤드린 회원들이 예수를 죽일 음모를 꾸민다. 이를 눈치챈 예수는 예루살렘으로 향한다. 예루살렘에 들어가기 하루 전, 예수는 베다니의 마르다 집에 들어간다. 예수 일행을 영접하는 만찬회가 벌어지고, 그 자리에는 죽었다가 살아난 나사로도 예수와 함께 식탁에 앉아 있었다. 마르다는 시중을 들고 있었다. 그때 마르다의 동생 마리아가 아주 비싼 향유 나르드 한 근을 가져와 예수의 발에 붓고, 자기 머리를 풀어 그의 발을 닦았다. 그러자 향유냄새가 온 방안에 가득했다.

이를 보고 가룟 사람 유다가 그 여인의 행위를 꾸짖는다. "이 향유를 팔면 적어도 삼백 데나리온을 받았을 것이고, 그것으로 가난한 사람들을 구제해 줄 수도 있었을 터인데, 이게 무슨 짓인가?"(5절) 그때 예수께서 말한다. "그 여인이 한 행위를 나무라지 말라. 그녀는 나의 장사葬事일을 위하여 그리 한 것이다. 가난한 사람들은 언제나 너희와 함께 있다. 허나, 나는 언제나 너희와 함께 있는 것이 아니다."(7-8절)

아마도 마리아는 자기 오라버니를 살려주신데 대한 사랑과 감사의 표시로, 자기가 혼수婚需감으로 평생에 걸쳐 모아놓았던 귀중한 향유를 예수께 드렸을 것이다. 데나리온은 예수 시대 노동자들의 하루 품삯에 해당하는 로마의 화폐단위이다. 삼백 데나리온은 노동자들의 일 년 반의 품삯에 해당한다. 결코 적은 액수가 아니다. 물론 무엇을 얼마나 드리느냐는 그리 문제되지 않을 것이다. 온 마음과 정성을 다한 마리아의 헌신적인 행위는 결과적으로 예수의 장례를 예비한 일이 되었다. 마리아는 전혀 인지認知하지 못한 채 결과적으로 예수의 죽음을 예비하였다.

이 사건은 공관복음서에도 등장한다.(마26:6-13;막14:3-9) 공관복음서에서는 이 사건을 요한복음과 다른 맥락에서 전한다. 공관복음서는 이 사건을 유다의 배반사건과 대조시키면서 예수의 장례를 준비한 사건임을 강조한다. 예수가 문둥병자 시몬의 집에서 식사를 하시던 중에 한 무명無名의 여인이 등장한다. 그는 값비싼 향유가 든 병을 깨어, 예수의 머리에 붓는다. 이 장면을 목격하고 제자들이 화를 내며 그 여인의 돌발행위를 책망한다. 예수는 그 여인을 괴롭히지 말라고 하면서, 그 여인이 향유를 부어 내 장사를 예비하는 좋은 일을 했다고 한다. 예수는 이 여인에게 최고의 찬사를 아끼지 않는다. "내가 진실로 너희에게 말한다. 온 세계 어디서든지 복음이 전파되는 곳마다 이 여인이 한 일도 전해져서 이 여인을 기억하게 될 것이다."(막14:9)

요한복음에 따르면 마리아는 기름을 머리가 아니라 예수의 발에 부었다고 한다. 공관복음서에 비해 요한복음은 그 여인의 겸허謙虛한 행위를 극적劇的으로 표현하고 있다. 예수의 죽음을 예비하는 사랑의 행위와 가난한 사람들에 대한 자선행위 사이에서 어느 쪽을 선택해야 하는가? 자선행위에 비중을 두고 있는 제자들에 대하여 예수께서는, 가난한 사람들은 항상 너희 곁에 있으니 마음만 먹으면 언제든지 도울 수 있다고 말한다.

예루살렘 성밖 베다니 마을 부근

제목: 예수의 예루살렘 입성
본문: 요한복음 12:12-36

다음날 명절을 지키러 와 있던 군중이, 예수께서 예루살렘으로 오신다
는 말을 듣고, 종려나무 가지를 들고 맞으러 나가 외쳤다. "호산나, 주
의 이름으로 오시는 분에게 복이 있으라. 이스라엘의 왕에게 복이 있
으라." 예수께서 나귀 한 마리를 얻어 타셨는데 그것은 기록된 말씀
과 같았다. "딸, 시온아, 두려워하지 말라. 보라, 너희 임금이 오신다.
어린 나귀를 타고 오신다."(요12:12-15) The next day the great crowd
that had come for the Feast heard that Jesus was on his way to
Jerusalem. They took palm branches and went out to meet him,
shouting, "Hosanna! Blessed is he who comes in the name of the
Lord! Blessed is the King of Israel!" Jesus found a young donkey
and sat upon it, as it is written, "Do not be afraid, O Daughter
of Zion; see, your king is coming, seated on a donkey's colt."
(John12:12-15)

〈말씀묵상〉

다음날 명절을 지키러 온 순례자들은 종려나무 가지를 들고 예수
를 맞는다. 그의 입성은 마치 메시아의 행차를 연상케 한다. 그런데
예수의 입성 장면은 메시아의 그것과 다른 모습이다. 14절에서는 예
수가 말이 아니라, 나귀새끼를 타고 입성했다고 한다. 이러한 예수의

입성 장면은, 말을 타고 승리의 깃발을 들고 입성하는 로마병정의 모습과 사뭇 대조를 이룬다.

복음서 저자는 예수의 입성 모습에서 구약성서 예언이 성취되고 있음을 본다. 스가랴서 9장 9절에 보면, 이스라엘을 해방시킬 메시아가 입성하는 장면이 등장한다. 그는 말을 타고 마치 개선장군凱旋將軍처럼 늠름한 풍채로 입성하는 것이 아니라, 나약한 나귀새끼를 타고 비틀거리며 입성한다. 말이 전쟁에서의 승리와 힘을 상징한다면, 나귀새끼는 평화와 나약함을 상징한다. 스가랴는 이스라엘 민중을 구원할 메시아를 마치 개선장군처럼 말을 타고 위풍당당하게 입성하는 정치적 메시아에서 찾는 것이 아니라, 품위도 없이 나귀새끼를 타고 비틀거리며 입성하는 평화의 왕에서 찾고 있음을 볼 수 있다.

거리로 밀려나온 예루살렘 군중들은 나귀새끼를 타고 입성하는 예수의 모습을 보고 '호산나!'를 외친다. 호산나는 "야훼여, 이스라엘을 구원해주소서!"라는 메시아의 도래를 기원하는 정형화된 기도문이다. 무엇으로부터 구원해달라는 것인가? 외세의 침략으로부터이다. 로마제국의 식민지 압제로부터 벗어나게 해 달라는 그들의 간절한 염원念願이 담겨있는 기도이다. 예루살렘 군중은 예수를 유대민족의 주권을 회복시킬 정치적 메시아political Messiah로 기대했던 것 같다.

유월절 명절을 즈음하여 예루살렘을 찾은 방문객들 가운데 그리스 사람들이 상당수 있었다. 그들 중 몇 명이 빌립을 찾아와, 예수와 면담을 하고 싶으니 주선해 달라고 부탁했다. 그들은 물론 예수에 대한 소식을 듣고 알고 있었던 이방인들이었을 것이다. 빌립은 안드레와 함께 예수께 가서 이 사실을 알린다. 예수는 그들을 면담하면서, 자기가 세상에 온 목적에 대해 하나의 비유를 들어 설명한다. "사람의 아들이 영광을 받을 때가 되었다. 내가 진정으로 너희에게 말한다. 밀알 하나가 땅에 떨어져 죽지 않으면 한 알 그대로 있고, 죽으면 많은 열매를 맺는다."(24절) 자기 목숨을 사랑하는 사람은 잃을 것이요, 이 세상에서 자기 목숨을 미워하는 사람은 얻을 것이다.(25절) 예수는 어떤 방식으로 영광을 받게 되는가? 죽음을 통해서다. 십자가 처형을 통해서다. 누구든지 예수를 섬기려면 그를 따라야 한다고 한다. 예수를 따르는 자가 그를 섬기는 자라는 것이다. 복음서 저자는 결론적으로 말한다. 누구든지 예수를 섬기면, 아버지가 그를 영화롭게 할 것이다. "사람이 나를 섬기려면 나를 따르라. 나 있는 곳에 나를 섬기는 자도 거기 있으리니. 사람이 나를 섬기면 아버지께서 그를 귀하게 여길 것이다."(26절) 따르면 섬겨야 하고, 섬기면 따라야 한다. 그러할 때 우리는 예수의 영광에 참여하게 된다. 본문에서 요한 저자는 '따름following'과 '섬김serving'이 구원의 전제조건임을 선언한다.

제목: **나를 믿는 사람**
본문: 요한복음 12:37-50

예수께서 큰소리로 말했다. "나를 믿는 사람은 나를 믿는 것이 아니라, 나를 보내신 분을 믿는 것이요, 나를 보는 사람은 나를 보내신 분을 보는 것이다. 나는 빛으로 세상에 왔다. 그것은 누구나 나를 믿는 사람은 어둠 속에 있지 않게 하기 위해서이다."(요12:44-46)
Then Jesus cried out, "When a man believes in me, he does not believe in me only, but in the one who sent me. When he looks at me, he sees the one who sent me. I have come into the world as a light, so that no one who believes in me should stay in darkness."

(John12:44-46)

【말씀묵상】

예수는 사람들 앞에서 많은 기적을 행했다. 허나, 유대권력층은 그것을 보고도 예수를 메시아로 받아들이지 아니하였다. 왜 그런가? 그 이유를 복음서 저자는 구약성서의 이사야 예언서를 통해 밝힌다. "주께서 그들의 눈을 멀게 하시고, 그들의 마음을 무디게 하셨다. 눈을 가지고도 보지 못하며, 마음으로 깨달아 돌이키지 못하게 하여, 내게 고침을 받지 못하게 하려는 것이다."(사6:9-10)

본문은 요한교회공동체의 초기상황을 짐작케 해준다. 초기 요한교회는 유대교 회당공동체에서 생겨났던 것 같다. 아마도 그들을 유대크리스천Jewish Christian이라고 부를 수 있을 것이다. 그들은 랍비 회당종교의 신앙적인 분위기 속에 있으면서 예수를 믿는 그리스도인이라고 볼 수 있다.

유대전쟁(AD66~73) 이후 로마는 유대사회의 민중에게 영향력을 행사하던 젤롯파를 비롯하여 모든 종파들을 해체시켰다. 로마는 바리새파 회당종교만 남겨두었다. 그들을 통해 유대사회를 통치하기 위해서였다. 전쟁의 참화 속에서 랍비들은 유대사회의 재건을 꿈꾸고, 유대민족의 정체성을 재정립하기 위해 힘썼다. AD 90년 팔레스타인의 얌니아Yamnia에서, 당대에 명성을 떨쳤던 랍비 요하난 벤 차카이Johanann ben Zakai에 의해서 유대교 랍비 총회가 열렸다. 이 총회에서 랍비들은 세 가지를 결의하였다. 히브리성서 정경화canonization 작업, 유대교 절기를 담은 달력제정, 이단異端에 대한 저주문 작성이 그것이다. 여기에서 랍비유대의 강력한 경쟁자로 부상한 초기그리스도교 공동체는 이단異端으로 낙인찍히고, 회당공동체로부터 출교당하는 신세가 되었다. 바리새파 사람들은 회당예배 때마다 드리는 기도문 12조항에서 나사렛인(그리스도인)과 이단들을 저주하는 특별기도문을 삽입했다. 이를 "비르캇하미님*Birkath ha Minim*"이라 한다. 이 기도문은 이단(그리스도인)들의 이름을 하늘 생명책에서 지워달라는 내용을 담고 있다.

본문에는 당시의 이러한 상황이 반영되어 있다. 유대크리스천들은 회당공동체로부터 쫓겨날 것을 두려워하여 그리스도인으로서의 정체성을 당당하게 드러내기를 꺼려하였다. 그들 중에는 사회적 신분이 높은 유대인들도 끼어 있었던 것 같다.(42절) 이들 유대크리스천을 가리켜 복음서 저자는 하느님의 영광보다 사람의 영광을 더 사랑하는 사람들이라고 그들의 신앙자세를 비판하고 있다.(43절)

이제 죽음을 앞둔 예수의 유언遺言설교가 이어진다. 나를 믿는 자는 나를 보낸 분을 믿는 것이요, 나를 보는 자는 나를 보낸 분을 보는 것이다. 예수는 자신과 하느님이 둘이 아님(不二)을 말한다. 내 마음이 곧 당신(하느님)의 마음이라는 것이다.(吾心卽汝心) 예수는 빛으로 세상에 왔다고 한다. 그를 믿는 자들이 어둠에 있지 않게 하려함이다. 동굴이 캄캄하면 아무 것도 볼 수 없다. 허나, 전등불을 켜보라. 천년 동안 어둠에 묻혀있던 동굴 속이 한 순간에 훤하게 보인다. 이와 같이 빛으로 오신 예수는 우리의 눈을 뜨게 해주고, 어둠에 쌓여 있던 사물을 한 순간에 밝게 볼 수 있도록 해준다.

예수는 세상의 어둠을 밝히는 빛으로 오셨다. 그에게 주어진 과업은 세상을 심판하기 위해서가 아니라, 구원하기 위한 것이다. 예수의 말을 배척하고 그의 말을 받아들이지 않는 사람은 예수 자신이 심판하는 것이 아니라, '내 말ta remata mou'이 마지막 날에 심판할 것이다. 예수는 그 자신과 그의 말을 구분하고, '내 말'을 의인화擬人化한다. 말은 단순한 말로 끝나는 것이 아니다. 말에는 그 사람의 운명을 종속시키고 결정짓는 힘이 들어 있다. 예수와 어떤 관계를 맺는가? 그것이 그 사람의 운명을 결정짓는다.

제목: **섬기는 지도자**
본문: **요한복음13:1-38**

예수는 아버지께서 모든 것을 자기 손에 맡기신 것과 자기가 하느님께
로부터 오셨다가 하느님께로 돌아가실 것을 아시고, 저녁 잡수시던 자
리에서 일어나 ⋯ 대야에 물을 담아 제자들의 발을 씻기시고 그 두르
신 수건으로 닦아주기 시작하셨다. 시몬 베드로에게 이르렀을 때, 베
드로가 예수께 말하되, "주님, 주께서 어찌 제 발을 씻기시렵니까?" 하
고 말하니, 예수께서 대답했다. "너는 내가 지금 하고 있는 일을 깨닫지
못하는구나. 나중에는 알게 될 것이다." "안됩니다." 베드로가 말했다.
"선생님은 결코 내 발을 씻을 수 없습니다." 예수가 대답했다. "내가 너
를 씻기지 않으면 너는 나와 상관이 없게 된다."(요13:3-8) Jesus knew
that the Father had put all things under his power, and that he
had come from God and was returning to God; so he got up from
the meal, ⋯ he poured water into a basin and began to wash his
disciples' feet, drying them with the towel that was wrapped
around him. He came to Simon Peter, who said to him, "Lord, are
you going to wash my feet?" Jesus replied, "You do not realize
now what I am doing, but later you will understand." "No," said
Peter, "you shall never wash my feet." Jesus answered, "Unless I
wash you, you have no part with me."(John13:3-8)

【말씀묵상】

　예수는 자기의 죽음을 예감했던 것 같다. 모든 인간의 운명은 하느님께로부터 와서 하느님께로 돌아가는 것이라고 한다. 그는 제자들과 마지막으로 저녁식사를 한다. 유월절 명절 하루 전날이었다. 식사를 마치고 예수는 자리에서 일어나 대야에 물을 떠서 하나씩 제자들의 발을 씻기기 시작한다. 아마도 마가 요한의 다락방에서 있었던 일 같다. 상대방의 발을 씻어주는 행위는 노예가 주인에게 하는 일이었다. 제자들의 발을 씻기는 예수의 이러한 겸허한 행위는 세상적인 관행을 깨는 것이었다.

　예루살렘으로 올라가는 길에서 제자들은 메시아 왕국이 도래하면 누가 높은 자리를 차지할 것인가를 두고 격렬한 논쟁을 벌렸다. 그 장면을 목격한 예수는 말한다. **"너희 중에 가장 위대한 사람은 남을 섬기는 사람이라야 한다. 자기를 높이는 사람은 낮아지고, 자기를 낮추는 사람은 높아질 것이다."**(마23:11-12) 몸소 제자들의 발을 씻김으로써 예수는 지도자가 되려면 어떤 자세를 가져야 하는가를 보여주고 있다. 유대인들에게는, 손님이 찾아오면 종이 그의 발을 씻겨주는 풍습이 있었다. 이러한 상징적 행위를 통해서 예수는 제자들의 세간적世間的 욕망으로부터 벗어날 것을 일깨워주고 있음을 볼 수 있다.

　예수는 본래 누구인가? 요한교회 신도들의 신앙에 따르면 그는 하느님의 성품morphe을 지닌 분이었다. 허나, 하느님 자리에 앉기를 포기하고, 자기를 비워kenosis 인간으로 오셨다. 이를 도성육신道成肉身

incarnation 사건이라 한다.(요1:14) 인간이 되신 하느님의 아들 예수는 십자가에 죽기까지 자기를 낮추었다. 하느님은 그를 죽은 자들 가운데서 일으켜 세워 인류의 구원자로 삼으셨다.(빌2:6-11) 제자들의 발을 씻기는 행위는 자기를 비워 인간이 되시고, 자기를 낮추어 십자가에 죽기까지 하신 예수그리스도의 구원사건을 예시豫示한다.

예수는 자신에게 수난受難의 시간이 다가왔음을 예감하고, 가룟유다의 배반을 암시한다.(21절) 이를 눈치챈 유다는 서둘러 자리를 뜨고, 산헤드린 공의회公議會에 알리러 간다. 예수는 3년 동안 동고동락했던 그의 제자에 의해서 배반당하게 된다. 적은 외부가 아니라 바로 내부에 있었던 것이다. 예수는 남은 열한 제자에게 자기가 당하게 될 수난을 예고豫告하며 새 계명을 준다. "서로 사랑하라. 내가 너희를 사랑한 것 같이, 너희도 서로 사랑하라. 너희가 서로 사랑하면, 그것으로 모든 사람이 너희가 내 제자인 줄 알게 될 것이다."(34-35절) 예수의 '새 계명'은 "이웃 사랑하기를 네 몸같이 하라."(레19:18) 하신 모세의 '옛 계명'과 좋은 대조를 이룬다. 예수의 제자됨을 판단하는 기준은 무엇인가? 믿음이 아니다. 예수를 신으로 떠받드는 것도 아니다. 서로 사랑하는 것이다. 사랑의 실천이야말로 제자도discipleship의 판단기준이다.

제목: 생명과 진리의 예수
본문: 요한복음 14:1-31

⁵도마가 예수께 여쭈었다. "주님, 당신께서 어디로 가시는지 우리가 알지도 못합니다. 어떻게 그 길을 알겠습니까?" ⁶예수께서 말했다. "나는 길이며, 진리이고, 생명이다. 어느 누구도 나를 통하지 않고는 아버지의 면전에 나아갈 수 없다. ⁷만약 너희가 나를 알았더라면, 내 아버지도 알았을 것이다. 그러나 이제 아버지를 알았고, 또 이미 아버지를 보았다."(요14:5-7) Thomas said to him, "Lord, we don't know where you are going, so how can we know the way?" Jesus answered, "I am the way and the truth and the life. No one comes to the Father except through me. If you really knew me, you would know my Father as well. From now on, you do know him and have seen him."

(John14:5-7)

【말씀묵상】

"주님, 어디로 가십니까?"(13장36절) 베드로의 물음 뒤에는, 예수가 어디로 가든 따르겠다는 제자로서의 각오가 서려있다. 예수의 대답은 어떠한가? "너희는 불안해하지 말라. 하느님을 믿고, 나를 믿어라. 내 아버지 집에는 머물 곳이 많이 있다. … 내가 가서 머물 곳을 마련하면, 다시 와서 너희를 내가 있는 곳으로 데려가 함께 있도록 하겠다. 내가 어디로 가는지, 너희가 알고 있다."(14:1-4) 영지주의에서 볼 수 있는 구원자 신화를 연상시킨다. 구원자는 하늘에서 내려와 자기에게 속한 자들을 세상에서 모은다. 그리고 그들을 데리고 다시 하늘 본향으로 올라감으로써 구원이 완성된다. 본문에서 제자들의 신앙의 근거는 무엇인가? 하느님을 신앙하는 것이다. 그리고 예수를 신앙하는 것이다.

예수가 어디로 가는지 제자들은 이미 알고 있다. 허나, 도마는 어리석게도 이미 알고 있어야 할 것을 알지 못한다. 그가 다시 묻자 예수께서 대답한다. "나는 길이요 진리이고 생명이다*ego eimi he hodos kai he aletheia kai he zoe*. 나를 통하지 않고는 아버지께로 올 사람이 아무도 없다." 이 문장은 '에고'를 어떻게 푸느냐에 따라 번역이 달라질 수 있다. '에고'를 주격主格으로 풀면, "나는 길·진리·생명이다. 나를 통하지 않고는 아버지께로 올 사람이 없다."로 번역된다. 그러나 '에고'를 서술주격敍述主格으로 풀면 어떻게 되는가? 주어와 술어가 바뀐다. 길이 주어主語가 되고 에고가 술어述語가 된다. 번역은 다음과 같이 된다. "길과 진리와 생명이 바로 나다. 그것들을 통하지 않고는 어느 누구도 아버지께로 올 사람이 없다."

'에고'를 주어로 번역하여 오직 예수에게서만 길·진리·생명을 찾는 것과 '에고'를 술어로 해석하여 길과 진리와 생명을 추구하는 사람이면 누구나 '나'(예수)라는 해석 사이에는 큰 차이가 있다. 전자前者에서 예수는 고유명사이지만, 후자後者에서는 보통명사로 된다. 고유명사로 읽을 때 예수는 단수單數가 된다. 허나, 보통명사로 읽을 때 예수는 복수複數로 된다. 한 개인이 아니라, 여럿의 예수가 가능하게 된다. 시공을 초월하여 길·진리·생명을 구하는 구도자求道者 안에서 예수는 현존現存한다. 곧 예수에 대한 집단적 해석cooperatives interpretation의 길이 트인다. 길과 진리와 생명을 추구하는 사람들은 누구를 막론하고 예수의 화신化身이 된다. 예수는 구도자求道者 속에서 현존現存하며, 그들은 곧 예수의 화신化身으로 살아간다.

그렇다면 예수는 누구의 화신化身인가? 빌립은 아버지를 보여 달라고 한다. 그러자 예수께서 대답한다.(8절) **"나를 본 사람은 이미 아버지를 보았다. 그런데 어찌하여 아버지를 보여 달라고 하느냐?"**(9절) 아들과 아버지가 '한 몸'이라는 것이다. 예수는 본 사람은 아버지를 본거나 진배없다는 뜻이다. 하느님은 예수 속에 현존하신다는 것이다. 구도자, 아들, 아버지는 따로 존재하는 것이 아니라, '한 몸'(一體)을 이루고 있다는 것이다. 아버지와 아들이 둘이 아니듯이, 아들과 구도자 또한 둘이 아니다. 아버지, 아들, 구도자, 삼자三者는 둘이 아닌 불이관계不二關係로 이해된다.

요한교회는 예수를 어떤 분으로 믿었는가? 하느님의 DNA를 가지고 태어난 하느님의 아들로 믿었다. 예수를 믿고 그를 삶의 주인으로 받아들이는 우리 또한 하느님의 DNA를 가지고 태어난 하느님의 자녀임을 복음서 저자는 말한다.

"예수를 영접하는 사람들, 곧 그의 이름을 믿는 사람들에게는, 하느님의

자녀가 되는 특권을 주셨습니다. 이 사람들은 혈통으로나 육정으로나 인간의 의욕으로 난 것이 아니라 하느님께로부터 난 것입니다."(1:12-13)

사람들이 우리를 보면 하느님을 볼 수 있어야 한다. 그것이 하느님의 DNA를 가지고 태어난 사람들의 모습일 것이다.

예루살렘 전경

제목: 참 포도나무
본문: 요한복음 15:1-27

¹나는 참 포도나무이며, 내 아버지는 농부이다. ²내게 붙은 가지 중에 열매를 맺지 못하는 것은 아버지께서 찍어버리시고, 열매를 맺는 가지는 더 많이 열매를 맺도록 깨끗이 손질할 것이다.(요15:1-2) I am the true vine, and my Father is the gardener. He cuts off every branch in me that bears no fruit, while every branch that does bear fruit he prunes so that it will be even more fruitful.(John15:1-2)

【말씀묵상】

본문은 요한이 전하는 예수의 '유언설교'(13:31-16:33)의 한 부분에 속한다. 이 장에서는 사랑의 계명을 위한 근거를 보다 심도深度있게 서술한다. "나는 참 포도나무이며, 내 아버지는 농부이다.*ego eimi he ampelos he alethine, kai ho pater mou ho georgos estin.*" 본문에서 예수는 자기 자신을 참 포도나무로 소개한다. '생명의 물,' '생명의 밥,' '세상의 빛'에 이어, 이제 예수는 스스로를 '참 포도나무'로 소개한다. 인간이 생명을 지탱해가는데 있어서 없어서는 안될 가장 기본적이고 필요한 요소가 무엇인가? 물, 밥, 빛이다. 이와 함께 포도주는 인간이 생명을 지탱해가는데 있어서 없어서는 안될 활력과 환희를 가져다준다.

"너희는 내 안에 머물러 있으라. 나도 너희 안에 있을 것이다. … 나는 포도나무이고 너희는 가지들이다. 그 사람이 내 안에 머물러 있고, 내가 그 안에 머물러 있으면, 그는 많은 열매를 맺을 것이다."(4-5절) 여기에서 강조되고 있는 '내 안에 머물러 있음'은 2절의 '열매를 맺는 가지*to karpon pheron*'에 상응相應한다. 유언 설교의 맥락에서 읽을 때, '열매를 맺으라' 또는 '내 안에 머물라'는 권면은 계시자啓示者 예수와 제자 사이의 일종의 성실성, 곧 신뢰관계를 상기시키고 있다. 이제 제자 곁을 떠나가는 예수와의 신뢰관계, 곧 '예수 안에 머물러 있음'에서 제자들의 운명이 결정된다.

동방사상에서는 인간의 모범적인 관계의 전형으로써 자연의 성실함을 본받으라고 한다. 봄에는 꽃이 피고, 여름에는 무르익고, 가을에는 열매를 맺고, 겨울에는 동면에 들어간다. 하느님의 피조세계는 이러한 사시사철의 운행에 따라 존재한다. 이러한 자연의 성실誠實함은 인간이 본받아야 할 가장 근원적인 가치규범이다. 이를 유가儒家에서는 '중용中庸의 삶'으로 설명하고 있다. 예수와 신도 사이에서 유지되어야 할 이러한 성誠의 관계가, 요한복음에서는 '열매를 맺는 가지' 또는 '내 안에 머물러 있음'으로 표현되고 있다. 예수에 대한 성誠은 곧 성聖이다. 예수가 떠나간 후에도, 그 분에 대한 신뢰, 곧 성실誠實함을 지킬 때, 우리는 거룩함을 체험하게 되고 풍성한 열매를 맺게 된다.

이제 계시자啓示者 예수에 대한 성실함은 제자들 상호간의 성실함으로 확장된다. "너희가 내 계명을 지키면, 내 사랑 안에 있게 될 것이다. … 내 계명은 이것이다. 내가 너희를 사랑한 것 같이 너희도 서로 사랑하라."(9-12절) '내 안에 머무는 것'과 '내 사랑 안에 머무는 것'은 하나다. 신뢰와 사랑의 하나됨(信愛一致)을 말한다. 사랑의 극치는 무엇인가? 친구를 위하여 목숨을 버리는 것이라고 한다.(13절) 이보다 더 큰 사랑은 없다고 한다. 예수는 이제 더 이상 제자들을 '종doulos'이라 부르지 않는다. '친구philos'라고 부른다.(15절) 예수 안에 머물고, 예수에 대한 성실함을 다할 때, 제자들은 존재의 변화를 얻게 된다. 더 이상 종이 아니라 예수의 친구가 된다. 나와 예수의 관계는 주인과 종이 아니라, 주체主體 대 주체主體의 대등한 관계로 바뀐다. 친구는 자유인이다. 종은 주인이 하는 바를 알지 못하고, 어둠에 서 있다. 예수는 아버지에게 들은 바를 모두 친구에게 들려준다. 하느님을 알게 함으로써 제자들은 이제 종이 아니라 예수의 친구로 존재의 변화를 겪게 된다.

제목: **파라클레토스의 오심**
본문: **요한복음 16:1-33**

> ⁷그러나 내가 사실을 말한다면, 내가 떠나가는 것이 너희에게 유익하다. 내가 떠나가지 않으면 보혜사가 너희에게 오지 않을 것이며, 내가 가면 그분을 너희에게 보낼 것이다. ⁸그분이 오시면 세상 사람들이 죄에 대하여, 의에 대하여, 심판에 대하여, 세인世人의 눈을 뜨게 해주실 것이다.(요16:7-8) But I tell you the truth: It is for your good that I am going away. Unless I go away, the Counselor will not come to you; but if I go, I will send him to you. When he comes, he will convict the world of guilt in regard to sin and righteousness and judgment.(John16:7-8)

【말씀묵상】

16장 2절에 따르면, 요한교회공동체가 유대교 회당공동체로부터 출교되었음을 전제하고 있다. 그들은 출교되었을 뿐만 아니라, 순교의 상황에 직면해 있음을 암시한다. 이런 박해상황에서 예수의 떠남이 임박하게 되자, 요한교회공동체는 좌절하거나 절망할 수밖에 없는 상황에 놓이게 되었음을 알 수 있다.

예수는 자기가 이제 자기를 보낸 아버지에게로 돌아간다는 것이

제자들에게는 슬퍼할 일이 아니라 오히려 기뻐해야 할 일이라고 한다. 그가 떠나가는 것이 제자들에게 유익하다고 위로한다.(7절) 예수가 떠나지 않으면 파라클레토스*parakletos*가 결코 오지 않을 것이며, 그가 아버지에게로 돌아가게 되면 파라클레토스*parakletos*를 보낼 것이라고 한다. 미워하는 사람과 만나는 것도 고통이지만,(怨憎會苦) 사랑하는 사람과 헤어지는 것도 고통이 아닐 수 없다.(愛別離苦) 요한복음 저자는 예수와 제자들과의 별리別離 장면을 심리학적으로 서술하지 않는다. 자기가 떠나는 것이 오히려 제자들에게는 유익함을 역설한다. 떠나가서 예수는 제자들에게 파라클레토스*parakletos*를 보낼 것이다.

'파라클레토스*parakletos*'는 보혜사보다는 카운슬러로 번역하는 것이 더 적절하다. 그리스도교 전통에서는 이를 성령으로 해석했다. 파라클레토스의 원래 의미는 무엇인가? 첫째, 그는 아버지로부터 파송되고,(14:16) 아버지로부터 온 분이다.(15:26) 둘째, 세상은 그를 볼 수 없고, 신도들만이 그를 볼 수 있다.(14:17) 셋째, 그는 제자들을 가르치고 진리에로 인도한다.(14:26; 16:13) 넷째, 그는 스스로 말하지 않는다.(16:13) 다섯째, 그는 예수에 저항하는 세상cosmos을 심판하고, 세상 죄를 책망하는 기능을 갖는다.(15:26; 16:8)

예수가 보낼 파라클레토스*parakletos*의 기능은 예수의 기능을 연상시킨다. 예수는 하느님으로부터 파송된 자이며,(5:30) 아버지로부터 난 자이다.(8:42) 예수의 신성神性은 그를 믿고 영접하는 자들에게

만 보인다.(1:10) 그는 사람들을 가르치며 진리에로 인도한다.(8:32) 그는 세상 죄를 책망한다.(7:7) 그러므로 파라클레토스*parakletos*는 예수의 또 다른 현존양식으로 표현되고 있음을 알 수 있다. "내가 아버지께 구하겠다. 그리하면 아버지께서 다른 파라클레토스를 너희에게 보내셔서 영원히 너희와 함께 있게 할 것이다."(14:16) 영-파라클레토스Spirit-parakletos는 예수-파라클레토스Jesus-parakletos의 현존양식現存樣式으로 대체된다.

파라클레토스*parakletos*는 원래 영지주의에서 유래한 구원자 개념이다. 그것은 법정적法廷的 용어로써 피고측被告側 변호인을 뜻한다. 대변인deprecator 또는 위로자consolator를 뜻한다. 복음서 저자는 예수의 죽음으로 인해 겪게 될 제자들의 슬픔을, 곧 예수의 부재否在를 파라클레토스*parakletos*의 임재로 대체시킴으로써 위로와 희망 사건으로 반전反轉시키고 있음을 볼 수 있다.

제목: 신앙과 지식
본문: 요한복음 17:1-26

¹예수께서 이 말씀을 마치시고 눈을 들어 하늘을 우러러 보시며, 말씀하셨습니다. "아버지, 때가 왔습니다. 아들을 영광스럽게 하셔서 아들이 아버지의 영광을 나타나게 하옵소서. ²아들에게 주신 모든 사람에게 영원한 생명을 주시려고 아버지께서는 모든 사람을 다스리는 권세를 아들에게 주셨사옵니다. ³영원한 생명은 오직 한 분이신 참 하느님을 알고 또 아버지께서 보내신 예수 그리스도를 아는 것입니다."(요17:1-3) After Jesus said this, he looked toward heaven and prayed: "Father, the time has come. Glorify your Son, that your Son may glorify you. For you granted him authority over all people that he might give eternal life to all those you have given him. Now this is eternal life: that they may know you, the only true God, and Jesus Christ, whom you have sent."(John17:1-3)

【말씀묵상】

본 장은 겟세마네동산에서 예수께서 드린 기도를 주 내용으로 하고 있다. 첫 단락(1-5절)에서 도성육신道成肉身incarnation하신 예수는 아버지의 뜻에 복종함으로써 맡겨진 사명을 완수하게 될 것임을 알린다. 이어서 장차 그에게 닥칠 수난의 때야말로 아버지를 영광스럽

게 하는 결정적인 기회임을 밝힌다. 둘째 단락(6-19절)에서는 예수는
그의 제자들을 위해 기도를 드린다. 그들은 언제나 '하느님 안에' 또
는 '예수 안에' 하나가 되어 머물러 있어야 한다고 말한다. 제자들과
하느님, 제자들과 예수는 둘이 아니라고 한다. 셋째 단락(20-24절)에
서 기도의 범위는 일반 신도들에게까지 확대된다. 그들 역시 하나가
되어야 한다. 아버지가 아들 안에, 아들이 아버지 안에, 그리고 신도
들이 우리 안에 있어 하나가 되어야 한다.(21절) 그들의 최종 운명은
영원한 세계에서 그리스도와 함께 살면서 그의 영광을 보는데 있다.
넷째 단락(25-26절)에서는 선교 결과를 요약한다. 세계cosmos는 하느
님을 알지 못하나, 신도들은 아들이 아버지로부터 받은 사명이 무엇
인지 알게 되었다는 것이다. 그것은 그들에게 아버지의 이름을 알게 하는
것이다.

　　예수가 하느님을 부를 때 사용하는 가장 자연스러운 호칭은 무엇
인가? '아버지pater'이다. 특히 기도할 때 예수는 예외 없이 아버지
호칭을 사용하여 하느님과의 친밀한 관계를 나타낸다. '거룩하신 아
버지pater hagie'(11절) 또는 '의로우신 아버지pater dikaie'(25절) 호칭이
대표적이다. '때가 왔습니다.eleleuthen he hora' 그 '호라hora'는 아들이
얻게 될 영광의 때를 말하고 있는데, 그것은 죽음을 통해서 이루어
지게 된다. 야훼 '하느님'이라는 호칭이 이스라엘 민족과 결부된 신
명神名으로 쓰이고 있다면, '아빠abba'는 한 가정의 가장과 결부된
호칭이다. 하느님보다 아버지가 훨씬 더 자애롭고 친근감이 있는 호
칭임을 알 수 있다. 예수는 한 민족의 상징인 하느님보다 한 가족의

상징인 아버지 호칭을 훨씬 더 즐겨 사용했다.

요한은 마가복음에 등장하는 예수의 실존적인 기도가 지나치게 그의 신성神性을 훼손한다고 판단했던 것 같다. 그래서인지 인간적인 모습을 드러내고 있는 예수의 겟세마네 기도(막14:32-36)를 생략하고, 그 자리에 아버지와 아들을 위한 기도, 제자들과 신도들을 위한 기도로 대체시키고 있다. 예수의 삶은 전적으로 하느님의 뜻을 이루기 위한 복종의 삶으로 일관되어 나타나고 있음을 요한복음 저자는 강조한다. 예수는 누구인가? 태초에 하느님과 함께 계신 '그 말씀'이다. 육肉sarks이 되어 우리 가운데 머물며, 사회적 소수자들의 동반자partner로서 그들과 동고동락同苦同樂하는 삶을 사신 분이다. 그리고 유대와 로마의 권력층에 의해 고난을 당하고 십자가에 처형된 분이다. 요한복음 저자는 이러한 예수의 공생애公生涯public life를 철저하게 하느님의 뜻을 이루고 그분의 영광을 드러내기 위한 복종의 삶이었다고 증언한다. 3절에서는 중요한 선언을 한다. **"영원한 생명은 오직 한 분이신 참 하느님을 알고 또 아버지께서 보내신 예수 그리스도를 아는 것입니다."** 영원한 생명에 이르는 길로써 저자는 '앎gnosis'을 강조한다. 아버지와 아들이 어떤 분인가를 바르게 깨닫는 것이야말로 우리를 영생, 곧 구원에로 인도한다는 것이다.

묵상 27

제목: **베드로의 배반**
본문: 요한복음 18:1-27

¹⁶그러나 베드로는 밖에서 대문 곁에 서있었다. 그러나 대제사장이 아는 그 다른 제자가 나와 문지기 소녀에게 말하여 베드로를 데리고 들어갔다. ¹⁷그때 문지기 소녀가 베드로에게 "당신도 이 사람의 제자 중 하나지요?"하고 말하니, 베드로가 "나는 아니다"하고 대답했다. ¹⁸날이 추워서 종들과 사환들이 숯불을 피워놓고 쬐고 있는데, 베드로도 그들과 함께 불을 쬐고 있었다.(요18:16-18) But Peter had to wait outside at the door. The other disciple, who was known to the high priest, came back, spoke to the girl on duty there and brought Peter in. "You are not one of his disciples, are you?" the girl at the door asked Peter. He replied, "I am not." It was cold, and the servants and officials stood around a fire they had made to keep warm. Peter also was standing with them, warming himself.(John18:16-18)

【말씀묵상】

요한 저자는, 복음서 제1부(1장-12장)에서 예수가 하느님의 아들 메시아임을 세상cosmos 앞에서 그리고 세상 권력층 앞에서 증거하고 있다. 제2부(13장-17장)에서는, 예수를 믿고 따르는 제자들 앞에서 예수의 메시아 됨을 증언한다. 우리는 앞에서 예수가 계시자요 메시아임을 증명하는 7가지 표징semeia과 유언遺言 설교를 중심으로 살펴보았다. 이제 요한 저자는 제3부(18장-21장)에서 예수의 하느님 아들됨을 그가 겪게 될 수난受難과 영광榮光을 통해 증명한다.

요한복음이 전하는 예수의 수난 이야기는, 공관복음(마태, 마가, 누가)이 전하는 그것과 상당한 편차偏差를 보인다. 공관복음의 예수 수난이야기에 따르면 예수는 유대인의 최고법원에 해당하는 산헤드린 법정에서 재판을 받고, 로마총독에 의해 사형선고를 받는다. 예수는 묵묵히 십자가를 지고 예루살렘 외곽에 위치한 골고다 언덕을 향하여 죽음의 행진을 한다. 십자가 위에 달린 예수의 모습은 어떠했는가? 위풍당당한 하느님의 아들 모습은 찾아볼 수 없고, 나약한 패장敗將의 절망스런 외침만 들을 수 있을 뿐이다. "엘로이, 엘로이, 레마 사박타니! 내 하느님, 내 하느님, 어찌하여 나를 버리셨습니까!"(막15:34) 이러한 외침 속에서 우리는 예수보다 100년 전에 로마에 항거하여 노예봉기를 일으켰던 스파르타쿠스Spartacus의 십자가 처형 사건을 연상하게 된다.(기원전71-73) 마가는 나약하게 십자가에 처형된 예수에게서 다름 아닌 하느님의 아들 메시아를 보라고 함으로써, 당대 승리와 힘의 상징인 정치적 메시아 상像을 완전히 뒤집어버리고 있다.

요한복음에서 예수의 수난사는 어떻게 진행되는가? 예수는 죽음을 향해 나아가면서도, 마치 개선장군凱旋將軍처럼 위풍당당한 모습이다. 하느님의 뜻을 이루기 위해 예수는 타의他意에 의해서가 아니라 자발적自發的으로 뚜벅뚜벅 수난受難의 길을 걸어간다. 예수는 자발적으로 겟세마네 동산을 향해 나아가고, 그를 체포하러 온 사람들 앞에서 자기 신분을 당당하게 밝힌다.(5-6절) 예수는 적대자들에게 칼을 휘두르는 베드로를 책망하기도 한다. "그 검을 칼집에 꽂으라. 아버지께서 내게 주신 이 잔을 내가 어찌 마시지 않겠느냐?"(11절) 예수는 겟세마네에서 로마병정과 성전 경비병에 의해 체포된다. 그리고 그는 안나스의 집안 뜰에서 심문審問을 받고, 그의 사위인 대사제大司祭 가야바에게 송치送致된다.(12-14절) 유월절 전날 저녁 마지막 식사 자리에서, 베드로는 "저는 주님을 위하여 목숨이라도 바치겠습니다." 라고 하면서 예수께 충성을 다짐한 터였다. 허나, 당시 예수는 베드로가 배반할 것을 꿰뚫어 보았다. "너는 닭 울기 전에 세 번이나 나를 모른다고 할 것이다."(13:37-38) 허나, 지금 베드로의 모습은 어떠한가? 스승 예수가 가야바의 법정에서 재판을 받고 있는 동안에, 뜰 마당에서 대사제에 딸린 종들과 성전 경비병들과 함께 서서 불을 쬐고 있었다. 문지기 소녀가 그를 알아보고 말한다. "당신도 이 사람의 제자 중 하나이지요?" 베드로가 대답했다. "나는 아니다ouk eimi."(17절)

죽음의 위협 앞에 서자, 베드로는 그토록 사랑하고 따랐던 스승을 세 차례나 모른다고 부인한다. 그때 닭이 울었다고 한다.(27절) 불과 하룻밤 전에 충성을 맹세했던 그가 아니었던가? 베드로의 이중적인 행위는 인간의 나약한 본성을 드러내준다. 아마 베드로에게서 우리는 우리 자신의 나약함을 발견할 수 있을 것이다. 그러던 베드로가 오순절 성령체험 후 어떻게 변했는가? 죽음을 두려워하지 않고 유대인들 앞에서 당당하게 복음을 증거한다.

제목: 진리가 무엇이냐?
본문: 요한복음 18:28-19:16

빌라도가 예수께 물었다. "그러면 네가 왕이냐?" 예수가 대답했다. "네가 말한 대로 나는 왕이다. 나는 진리를 증언하려고 났으며, 그것을 증언하려고 세상에 왔다. 진리에 속한 사람은 누구나 내 음성을 듣는다." 빌라도가 예수께 물었다. "진리가 무엇이냐?" 빌라도는 이 말을 하고 다시 유대인들에게 나와서 말했다. "나는 이 사람에게서 아무 죄도 찾지 못하겠소."(요18:37-38) "You are a king, then!" said Pilate. Jesus answered, "You are right in saying I am a king. In fact, for this reason I was born, and for this I came into the world, to testify to the truth. Everyone on the side of truth listens to me." "What is truth?" Pilate asked. With this he went out again to the Jews and said, "I find no basis for a charge against him."(John18:37-38)

【말씀묵상】

로마 총독의 관저官邸는 지중해 연안의 아름다운 휴양도시 가이샤라에 있었다. 빌라도는 가이샤라에 머물고 있다가, 유대인의 큰 명절이 오면 많은 로마병정을 이끌고 예루살렘에 올라왔다. 세계로부터 많은 유대인 순례객들이 모여들어, 혹시나 일어날지도 모르는 소요騷擾를 대비하기 위해서였다.

로마는 피식민 국가에 많은 자치권을 허용했다. 허나, 피식민 국가의 사형판결 권한은 총독이 직접 관장했다. 당시 가야바가 의장으로 있던 유대 최고법원인 산헤드린synedrion은 예수를 사형시킬 법적 권한을 가지고 있지 아니 했다. 그래서 그들은 예수를 로마총독 빌라도에게 끌고 가 사형판결을 종용했다. 유대인들은 예수를 성전 모독죄로 고발한 것이 아니었다. 로마의 식민통치에 반대하여 스스로 유대인 왕이 되려고 했다는 정치사범으로 고발했다. 종교적 이유로는 사형판결이 불가不可했기 때문이었다.

고발자들인 유대권력층의 심중을 헤아린 로마총독 빌라도는 예수가 로마황제의 식민통치에 반대할 정치적 의도를 지닌 인물이 아니었음을 알아챘을 것이다. 그가 예수께 심문한다. "네가 왕이냐?" 예수가 대답한다. "네가 말한 대로다. 나는 진리를 증언하려고 났으며 세상에 왔다. 진리에 속한 사람은 누구나 내 음성을 듣는다." 빌라도가 다그쳐 묻는다. "진리가 무엇이냐?"(38절) 빌라도의 물음에 예수는 침묵으로 대응한다.

이상에서 볼 수 있는 빌라도와 예수의 문답은 마치 대승불교의 경전에 속하는 『유마경維摩經』에 나오는 불가佛家의 선문답禪問答을 연상시킨다. 당대 명성을 떨치던 재가신도 유마거사가 병들어 누워있다는 소식을 듣고 석가모니 붓다는 제자들을 보내어 문병토록 한다. 제자들의 대표격인 문수보살이 병이 든 원인을 묻자, 유마가 대답한다. "중생이 병이 들어 내가 아픈 것이니, 중생의 병이 나으면 내 병도 나을 것입니다." 중생과 보살은 따로 존재하는 것이 아니라, 유기적有機的으로 연결되어 있으며 하나로 존재한다는 것이다. 생멸生滅이 둘이 아닌 불이법문不二法門의 진리에 대해 열띤 토론을 한 후, 붓다의 수제자 문수보살이 진리가 무엇인지 유마거사의 의견을 청한다. 그러자 유마거사는 침묵으로 일관한다.

'진리가 무엇인가'라는 물음 앞에서 비록 상황은 다르지만 예수와 유마힐은 인간의 언어로 설명하는 것이 아니라 단지 침묵으로 응수한다. 예수와 유마힐의 침묵은 어떤 의미를 지니는가? 그들의 침묵은 진리의 본질이 무엇인지를 설명해 준다. 진리는 인간의 언어나 관념 너머에 존재하는 것이다. 따라서 인간의 언어나 관념으로 형용된 진리는 더 이상 본래의 진리일 수 없다. 일단 설명된 것은 설명한 주체의 사유에 종속되기 때문이다. 그래서 유대인의 하느님 야훼는 자기에게는 부를 이름이 없다고 말하고 있으며(YHWH), 유대교에서는 하느님의 이름을 부르는 것을 금했다. 이름을 붙이면 어느 것이건 그 명명된 것은 명명자인 인간에게 예속되기 마련이다. 노자도 '도가도비상도道可道非常道'를 말했다.(『도덕경』 1장) 진리(道) 앞에서 인간은 그것을 설명하려고 할 것이 아니라, 침묵해야 할 것을 종용한다. 이미 인간의 언어나 관념으로 설명된 진리(可道)는, 더 이상 항상 그러한 진리(常道)일 수 없기 때문이다. 진리의 세계는 언어의 길을 여읜 세계, 곧 언어도단言語道斷의 세계에서 비로소 펼쳐진다.

제목: 십자가 처형
본문: 요한복음 19:17-42

²⁶예수께서 자기 어머니와 그 곁에 서 있는 사랑하는 제자를 보시고, 어머니를 향하여 "어머니, 보십시오. 당신의 아들입니다." 하고 말하고, ²⁷다음에 제자를 향하여 "보라. 네 어머니이다"하고 말했다. 그때부터 그 제자가 예수의 어머니를 자기 집에 모셨다.(요19:26-27) When Jesus saw his mother there, and the disciple whom he loved standing nearby, he said to his mother, "Dear woman, here is your son," and to the disciple, "Here is your mother." From that time on, this disciple took her into his home.(John19:26-27)

【말씀묵상】

빌라도는 예수에게서 사형선고를 받을 만한 반反로마적인 정치행위를 발견하지 못했던 것 같다. 그는 유대권력층이 주장하는 것처럼, 예수에게서 유대인들로 하여금 세금납부를 거부하게 종용하거나, 로마의 식민지배에 항거하여 봉기를 부추기도록 하는 혐의를 찾지 못했던 것 같다. 허나, 빌라도는 유다지역을 통치해야 하는 로마총독으로서 유대권력층의 주장을 의식하지 않을 수 없었고, 그들의 요구대로 사형판결을 내렸을 수 있다. 그는 백인대장에게 명령을 내려 예수를 십자가에 처형하도록 조치한다. 유대인들은 유월절이 시작되는 안식일을 거룩하게 지키기 원했다. 그래서 하루 전에 예수를 처형하길 원했다. 예수는 히브리어로 '골고타golgotha'(번역하면 두개골頭蓋骨이다)라는 곳에서 다른 두 사람과 함께 처형된다. 예수가 매달린 십자가 위에는 "나사렛 예수, 유대인들의 왕"이라는 팻말이 붙어 있었다.(19절) 그러나 가장 오래된 마가복음에는 단순하게 "유대인의 왕"이라고 쓰여 있다고 한다.(막15:26) 이 명패名牌는 히브리어, 라틴어, 그리스어로 쓰여 있어 지나가는 사람들이면 누구나 쉽게 읽을 수 있도록 했다.

십자가 옆에는 예수의 어머니 마리아, 이모, 글로에의 아내 마리아, 막달라 마리아가 서서 울고 있었다. 이 여인그룹은 아마도 갈릴리에서부터 예수운동에 적극적으로 가담하고 물질적으로 후원했던 여성 제자들이었을 것이다. 이 자리에는 베드로가 빠져 있다.(25절) 예수는 사랑하는 제자가 옆에 서 있는 것을 보고, 어머니에게 말한다. "어머니, 보셔요. 당신의 아들입니다." 그리고 사랑하는 제자를 향하여 말한다. "보라. 네 어머니다." 예수는 제자에게 자기 어머니를 부탁한다. 이제 그의 사랑하는 제자가 아들로서의 예수의 자리를 대신하여 어머니를 섬긴다. 베드로가 아니다. 이로 미루어 보건대 요한교회 공동체는 베드로 계열이 아니라 사랑하는 제자의 신학과 신앙을 계승한 애제자愛弟子 계열에 속했던 신앙공동체였을 개연성이 크다.

요한복음에 따르면, 예수는 모든 것이 이루어진 줄 알고, 죽음 앞에서 자기를 객관화하며 말한다. "다 이루었다tetelestai"라고 말씀 하신 후 예수는 숨을 거두었다고 한다.(30절) 유월절 하루 전 날이었다. 예수의 임종날짜가 공관복음서의 계산에 따르면 유월절 날이다. 두 복음서 사이에는 예수 임종날짜를 계산하는데 있어서 하루 차이가 난다. '텔레이운teleioun'은 '실현하다' 또는 '극복하다'는 뜻을 지니고 있다. 공관복음서와 달리 요한복음에서 예수의 십자가 사건은 나약함이나 패배나 슬픔을 자아내는 비극의 상징으로 묘사되지 않는다. 십자가 처형은 히브리성서의 예언을 성취하고 다 이룬 기쁨의 사건으로 바꾸어 전한다. 예수가 지닌 신적성품神的性品을 강조하고자 했던 복음서 저자는 죽음에 직면하여 '다 이루었다'고 말하는 예수의 신적神的인 당당한 모습을 우리에게 전해준다. 허나, 마가복음은 죽음의 장면에서 이와 다른 예수의 모습, 곧 인간적인 너무나 인간적인 예수의 모습을 전해준다. "내 하느님, 내 하느님, 어찌하여 나를 버리십니까?"(막15:34) 안식일을 신성하게 지내기 위하여 유대지도층은 예수의 시신屍身을 미리 치워달라고 요청한다. 평소 예수운동에 공감했던 아리마대 요셉과 예루살렘 산헤드린의회 의원 니고데모는 빌라도의 허락을 받아 예수의 시신屍身을 십자가에서 내려 유대인의 풍속에 따라 장례葬禮를 치러주었다. 그들은 유대 지도층에 속하는 인물들이었지만, 드러내놓지 않고 예수운동을 지원했던 익명匿名의 크리스천(anonymous Christian)이었던 것 같다.(38-39절)

제목: **부활자 예수**
본문: **요한복음 20:1-31**

³⁰예수께서 제자들 앞에서 이 책에 기록되지 아니 한 다른 표징도 많이 행하였다. ³¹그러나 여기에 기록한 것은 예수께서 그리스도요 하느님의 아들임을 믿게 하고, 또 믿고 그의 이름으로 생명을 얻게 하려는 것이다.(요20:30-31) Jesus did many other miraculous signs in the presence of his disciples, which are not recorded in this book. But these are written that you may believe that Jesus is the Christ, the Son of God, and that by believing you may have life in his name.(John20:30-31)

【말씀묵상】

예수의 부활에 관한 초기그리스도교 전승에는 두 가지 형태가 존재한다. 부활한 예수가 베드로, 12제자, 500명 신도들, 그리고 다른 여러 제자들에게 나타났다는 전승이 그 하나이다.(고전15:5-8) 또 다른 하나는 예수의 시신屍身이 안치되어 있던 무덤이 비어있음을 발견했다는 전승이다.(막16:1-8) 바울서신이나 공관복음서보다 30, 40년 정도 늦게 쓰여진 요한복음 저자는 두 종류의 부활에 관한 이야기 전승을 모두 수집했던 것으로 보인다. 그는 본 단락에서 예수의 부활에 관한 두 개의 상이한 전승을 종합하고 있음을 볼 수 있다.

안식일이 지난 첫날 새벽에 무덤을 찾아간 마리아는 무덤 문이 열려있음을 발견한다. 아마 도굴꾼들의 소행으로 생각했던 것 같다. 그는 서둘러 이 사실을 베드로와 애제자愛弟子에게 알린다. 그들은 무덤으로 달려갔고 마리아는 뒤따라갔다. 그녀가 무덤 안을 들여다보았을 때 그곳에는 예수의 시신屍身을 감쌌던 세마포가 잘 개어 놓여 있었다. 그녀는 흰옷을 걸친 두 천사를 보게 된다. 그러나 뒤에서 부활의 예수가 마리아의 이름을 부른다. 마리아는 너무 기쁜 나머지 "라뽀니!"라고 부르며 그의 몸을 포옹하려고 한다. 피부접촉을 통해서 과거의 예수에 대한 기억을 되살리려 한다. 그러나 예수는 '만지지 말라me hapton'고 한다.(16-17절) 예수는 마리아에게 자기가 곧 승천昇天하리라는 소식을 말하고, 그녀를 제자들에게 보내어 이 사실을 알리라고 한다. 복음서 저자는 본 단락에서 부활을 예수가 아버지에게로 올라가기 위한(昇天) 하나의 중간단계로 서술하고 있음을 볼 수 있다.

마리아로부터 예수의 부활소식을 전해들은 제자들은 두려워 문을 걸어 잠그고 있었다고 한다. 변화된 부활의 몸이지만 생전의 자기와 동일인임을 입증하기 위해, 예수는 12제자들 가운데 나타나고,(고전15:5) 그의 옆구리와 손을 그들에게 보인다. 부활자 예수께서는 제자들에게 평안을 빌고 선교 파송명령을 내린다. **"아버지께서 나를 보내신 것 같이, 나도 너희를 보낸다."**(21절) 그러면서 예수는 제자들에게 성령을 받으라고 한다. 그리고 제자들에게 죄를 용서할 수 있는 권능을 준다.(23절)

그때 디두모 *didumos*(둘)라고 부르는 도마 *Thomas*(쌍둥이)는 그 자리에 없었던 것 같다. 일주일 후 부활자 예수는 다시 제자들 앞에 나타난다. 예수의 부활에 대해 의구심을 떨쳐버리지 못했던 도마는 옆구리 상처 자국을 육안肉眼으로 직접 보고서야 믿었다. 그는 부활자 예수를 향하여 '나의 주. 나의 하느님 *ho kyrios mou ho theos mou*'하고 고백한다.(28절) 그러자 부활자 예수는 보지 아니했어도 믿게 된 사람들을 축복한다. "나를 보지 않고 믿는 사람들은 더 복이 있다."(29절)

요한 저자의 디두모 도마의 실증주의적 신앙에 대한 비판은 요한 공동체와 도마공동체 사이의 그리스도론의 차이를 반영한다. 초기 그리스도교 세계에서 두 공동체는 AD 2세기 초 유사한 영지주의 문화권에 속하는 시리아 지역에서 선교했던 것 같다. 요한공동체가 신성神性을 지닌 예수에 대한 절대적인 믿음 *pistis*을 구원과 영생의 방편으로 제시하고 있다면, 이와 달리 도마공동체는 예수에 대한 영적 각지靈的覺知 *gnosis*를 그 방편으로 제시한다. 도마복음에 따르면, 비밀스런 예수말씀을 해석하고 탐구하여 그 뜻을 올바르게 깨닫게 될 때 죽음을 맛보지 아니 할 것임을 말한다.(도마복음 제1장)

저술 목적은 무엇인가? 승천 후 육안肉眼으로 볼 수 없었던 신도들의 예수에 대한 믿음을 강조하기 위해서 복음서 저자에 의해서 기록된 것이다. "여기에 기록된 것은 예수께서 그리스도이며 하느님의 아들임을 당신들로 하여금 믿게 하고. 또 믿고 그의 이름으로 생명을 얻게 하려는 것이다."(31절) 예수의 선교는 이제 성령을 통해 교회의 선교활동에서 계승된다. 요한이 전하는 예수 복음의 화두話頭는 믿음*pistis*을 통해 생명*zoe*을 얻는 것임을 말하고 있다. 하느님과 예수 그리스도에 대한 '바른 앎'이 우리를 영생으로 인도하고,(17:3. 23-26) '바른 믿음'을 통해서 생명을 얻게 된다. 요한복음 저자는 하느님과 예수 그리스도에 대한 '바른 앎'(正知*ortho-gnosis*)과 '바른 신앙'(正信*ortho-pistis*)을 구원의 길로 제시한다. 이것이 그가 복음서를 기록한 목적이다.

가

나

하

하느넘과 사람은 둘이 아니다

― 요한복음, 동방인의 눈으로 읽기 ―

2013년 2월 8일 초판발행
2013년 2월 8일 1판 1쇄

지은이 김명수
펴낸이 남호섭
펴낸곳 통나무

서울특별시 종로구 동숭동 199-27
전화: 02) 744-7992
출판등록 1989. 11. 3. 제1-970호

© 김명수, 2013   값 18,000원
ISBN 978-89-8264-127-5   (03230)